立人天地

前沿教育

一校之长的坚守：
关于学校管理的**11**堂课
Headstrong:11 Lessons of School Leadership

邱雯佳 译 高连兴 校

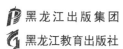
黑龙江出版集团
黑龙江教育出版社

版权登记号：08-2017-074

图书在版编目（CIP）数据

一校之长的坚守：关于学校管理的 11 堂课 ／（英）
莎莉·科茨爵士著；邱雯佳译． -- 哈尔滨：
黑龙江教育出版社，2017.8
ISBN 978-7-5316-9543-1

Ⅰ．①一… Ⅱ．①莎… ②邱… Ⅲ．①学校管理
Ⅳ．① G47

中国版本图书馆 CIP 数据核字（2017）第 206589 号

一校之长的坚守：关于学校管理的 11 堂课
YI XIAO ZHI ZHANG DE JIANSHOU: GUANYU XUEXIAO GUANLI DE 11 TANG KE

作　　者	［英］莎莉·科茨爵士 著
译　　者	邱雯佳 译　高连兴 校
选题策划	王春晨
责任编辑	宋舒白　姜劲帆
装帧设计	Amber Design 琥珀视觉
责任校对	张爱华

出版发行	黑龙江教育出版社（哈尔滨市南岗区花园街 158 号）
印　　刷	北京鹏润伟业印刷有限公司
新浪微博	http://weibo.com/longjiaoshe
公众微信	heilongjiangjiaoyu
天 猫 店	https://hljjycbsts.tmall.com
E－mail	heilongjiangjiaoyu@126.com
电　　话	010—64187564

开　　本	700×1000　1/16
印　　张	14
字　　数	197千
版　　次	2017年9月第1版　2017年9月第1次印刷
书　　号	ISBN 978-7-5316-9543-1
定　　价	36.00 元

目 录 / contents

序

1974 年，我第一次接触了本书主角 —— 伯灵顿·丹麦学院。当时，我在南伦敦的一所学校中担任足球队教师一职。在那段日子里，周六一早坐地铁去西伦敦斯克拉比斯监狱附近踢足球是一场侵占他人领地的冒险 —— 对教师或是男孩子而言均是如此。那是一段令伦敦教育局头痛的时期。教师短缺、武装联合行动、政治家之间的意识形态差异以及逐渐蔓延的官僚主义共同作用，导致了部分大型综合学校的失控。而我就在其中一所位于布里克斯顿的学校任教。

伯灵顿·丹麦学院却展现了一幅不一样的图景，它并不显眼，因为来访的足球运动员一抬头就会先看见当地臭名昭著的沃姆伍德·斯克拉比斯监狱（Wormwood Scrubs prison）。由于它引以为豪的文法学校与英格兰教会传统，这里是 20 世纪 70 年代中期教师们极度渴望投身的一所学校。在教师短缺的那段岁月，我记得曾站在球场边线区与一位副校长聊天，他告诉我若想在那所学校谋取一个教师职位，竞争该有多么激烈。在伦敦学校纷纷转制为综合学校的时候，它依旧保留着文法学校时代留下的光环。

30 年过去了，2004 年我以女王陛下的评审员的身份再次走进了这所学校。当时学校正在接受特殊整改，而我则作为首席评审员，负责监测整改进程。由于种种原因，学校越来越差，学生接受不到像样的服务。我清楚地记得 11 月的一个早晨，我站在学校门口点名，仅仅点到全体学生的三分之一，其余的学生全都迟到了。随后的 10 年便是本书讲述的故事了。

根据我在世界各地领导、指导和视察的经验，伟大的学校都具备下列要素：它们在一贯坚持方面取得出色结果，拥有强大的价值观与清晰的要求；它们的成功并非偶然，而是深思熟虑、周密计划的结果；学校内部高度一致；正确分配领导力且目标远大，从而推动学校前进。

本质上，成功的配方极其简单：一群合格的、有能力的教师，在清晰、公平并且懂行的领导下，共同关注学生发展和学生总体成绩 —— 常常是令学生自己都感到惊讶的成绩。

我从未见过哪所学校工作做得比领导者提出的愿景更棒，同理，没有一堂课水平会超出任课教师的能力水平范围。学校水平随着领导质量，特别是校长质量而起起落落。在社会环境艰苦的地区更是如此，领导者必须以极高的前瞻性，始终站在最前沿领导大家。领导者的原则决定了学校的原则。

如果只取字面意思，本书标题稍有误导读者的风险。其实"坚守"并不意味着男性化，坚守是指对自己的价值观负责，并坚忍地面对挑战。《一校之长的坚守：关于学校管理的 11 堂课》一书不仅讲述了一位鼓舞人心的校长改善了一所学校的故事，重要的是，这是一个关于校长这份职业所带来的喜悦与满足的故事。

—— 罗伊·布拉奇福德（Roy Blatchford）

英国国家教育信托基金总监

自 序

2014 年秋天，在接受一家全国性学校网络的学院总监岗位的前两个月，我写下了这段话。目前，我负责整个英国南部的贫困地区并监督这些地区的干预策略，确保年轻人都能接受应得的高质量学校教育。我很珍惜这次走出伦敦，投身于整个英国南部学校的机会：从斯温顿到阿什福德，从凯特灵到普尔。在这个地区性岗位上工作两个月后，再次坚定我曾经的观点，每所学校都是独特的：都是一系列包括学生、教师、历史、当地社区、课程大纲以及设施在内的元素的精妙组合。我们的学校是如此多元化，以至于用标准范式改进学校的做法永远不可能奏效。

我自 2010 年开始撰写《一校之长的坚守：关于学校管理的 11 堂课》一书，以下内容都是我还在伯灵顿·丹麦学院工作期间所写。从一位校长的角度出发，我试图在校园内外种种因素与影响之中，找出对学校最有利的方案。

留在伯灵顿·丹麦学院工作的最后几周时光提醒了我，每所学校都有自己的生命。家长、教师、学生和理事们发来的支持与感谢信息将我淹没。学生为我制作了一段致谢视频，同事们则在最后一天的员工简报会上演唱了《悲惨世界》中动人的经典曲目《只待明日》（One Day More）。然而生活仍将继续，不断地继续，在西伦敦内部继续。我与继任者迈克尔·黎布顿依然保持着密切联系，我丝毫不怀疑伯灵顿·丹麦学院未来将继续长期繁荣下去。学校的组织记忆已被擦除并重启，成功已成为常态。

正因为每所学校都是独一无二的，校长的作用才会如此重要。正因为每所学校的校长为学校挑选最佳资源，拉动最有吸引力的砝码，才能确保他和他的学生成功。在新一场大选临近之际，教育政策似乎又一次濒临地狱边缘，整个国家的教师与学校领导者再次因教育部的命令陷入惊慌之中。所以，此时的我们要记住，作为校长，我们的职责是主动为学校设立日程计划，为学校这艘大船好好掌舵，而不是简单地随波逐流。

前　言

不合格学校的悲剧

大国的公共教育总是平庸无奇，同理，大厨房里端出的饭菜往往乏善可陈。

—— 弗里德里希·尼采

　　2007 年 12 月，当方舟学校系统首席执行官来电聘请我出任伯灵顿·丹麦学院校长时，我正在约翰·刘易斯百货商场家具部闲逛。我的丈夫瑟奇加入了圣诞购物的人潮，而我则窝在一张沙发里决定接受聘用，当时，我望着墙上的商场宣传语 —— "从不故意降价抛售"，感到了一阵强烈的讽刺意味。

　　很快我就后悔了。我相当喜爱自己在圣心天主教学校的校长工作。这所学校位于伦敦南部，规模较小却也同样严谨，我已经为之服务了 20 多年。在此期间，学校被政府评审机构英国教育标准局评为"优秀"。我记得每个学生的名字；我甚至教过部分学生的家长。我与一支鼓舞人心的教师团队保持着良好的关系，并且很高兴以英语教学组长的身份加入学校。我的丈夫是我在圣心的副手之一，1988 年他以体育教学组长的身份加入学校，此后我便与他结识。我很满意我们多年来建立的相处模式；忙碌而充实的每一天，都是从瑟奇焦躁地穿行于伦敦繁忙车流中开始的。

　　2007 年的秋天，我的个人助理接到了猎头公司的电话。猎头是方舟集团 —— 一家刚刚接手管理伯灵顿·丹麦学院的教育慈善机构 —— 的代理。开始时，我对此并不感兴趣，但仍与他们聊了几次。很快，哈克尼的莫斯本学院的校长、方舟教育总监（现任英国教育标准局局长）迈克尔　威尔肖爵士打来电话。他肯定地告诉我，伯灵顿·丹麦学院的这份工作值得一试。他到圣心向我详述学院的情况，一周后，我随他前往伯灵顿·丹麦学院。在我看来，这所学校确实不尽如人意，但也有可以改进的潜力。于是我递上了一份匆忙填写的表格，而实际上我仍在犹豫是否要接受这份工作。我的竞争对手是一位颇受欢迎的内部候选人。近年来，伯灵顿·丹麦学院的教师们饱受动荡的困扰，很明显，出于对稳定的需求，他们更偏爱那位内部候选人。因此，去学校参加"测评日"、竞争一个我并不真心想要的职位、与根本不想接受我的员工们会面便显得格外古怪。接受聘用的几个星期后，我在约翰·刘易斯百货商场顶层对瑟奇说："瞧我都做了些什么。"

接受伯灵顿·丹麦学院的职位有风险，因为我不仅要离开圣心学校相对舒适的职位，还将面临 7 英里外的巨大挑战。人们告诉我这所学校无组织、无纪律并且缺乏基本的管教，虽然我从来不会被轻易打倒，但我也不会毫无自知之明地把纪律管理认作自己的强项。在伯灵顿·丹麦学院，我拿的工资不见得比过去的多，却要冒着风险，为当时教师工会强烈反对的新型学校管理模式——"学院"工作。"学院"模式是否比原有模式更好尚无定论。人们面对成功的领导者，总会轻易相信他们有能力复制过去的成功，但实际上，无论你走到了职业生涯的哪个阶段，上任的头一天总会感到犹疑不定。所以，对于自己是否能改变这所苦苦挣扎在伦敦西部的学院，我是有所怀疑的。我只在两所学校工作过，并且我的优秀团队总能与我的优势和劣势相辅相成。莫非是我信心不足了？

下列评语节选自我到任前一个月，即 2008 年 3 月，英国教育标准局对伯灵顿·丹麦学院进行监测访问时的评语。

该学院评审结果为"符合要求"（后英国英国教育标准局统一将该级别评价的表述修正为"待改进"）

"该学院有大量多余名额，全年疲于应对随机分配至该校的学生。"

"去年教师离职人数异常多，现已基本补满空缺。但后果是四分之一的教师缺乏经验，需要大量支持。"

"学生去年的成绩不合格，且有过多的学生被开除，多数由不当行为或捣乱行为引起。该学院将此问题归咎于组织结构调整。"

"本次访问引发了对该学院教育水平的担忧，将继续监测该学院的表现。"

"该学院能正确认识到去年教育水平过低与成绩不合格的情况。高层领导认为是责任不清，以及新组织结构引发的沟通不畅造成的。这虽然是重要的原因之一，但更根本的原因是对学生要求过低。本次访问过程中发现，学生通过上课取得的进步差异巨大，原因是大量课程都未建立在考虑学生的近期成绩、以往知识以及潜力的基础上。"

"……许多课会被低级捣乱行为打断。"

"去年出勤率不足。"

"……大量学生上课迟到且部分教师并未按时点名。"

"高层的职能重复与权责重复阻碍了该学院发展。这种重复引发了学生与员工的困惑。中层管理人员不清楚他们在教学质量改进工作中的职责。"

伯灵顿·丹麦学院除了拥有一个历史悠久的校名外，其他方面都存在很大问题。学院坐落在沃姆伍德·斯克拉比斯监狱附近。曾经的伯灵顿学校和圣克莱蒙丹麦人学校分别是重点文法女子学校和重点文法男子学校，在其全盛时期，伦敦西部的年轻人在这里接受良好的教育。剧作家丹尼斯·波特（Dennis Potter）与国会议员法兰克·菲尔德（Frank Field）都曾在 20 世纪 50 年代的圣克莱蒙丹麦人学校求学。伯灵顿女子学校的历史可以追溯到 1699 年的圣诞节，当时学校在卡纳比街的一小片土地上成立，并定下大胆的目标："教会 60 个贫家女孩阅读、写字和记账……并教授她们基督教的相关知识。" 20 世纪 70 年代，这两所位于西伦敦伍德街的学校合并为伯灵顿·丹麦英格兰教会学校。随后，学校教学水准下滑，当 2006 年伯灵顿·丹麦学院成为方舟学校体系的第一所学院时，学院早已衰败不堪。学生表现差劲：仅不到三分之一的学生达到了政府设立的中等教育普通证书考试（GCSEs）5 科优良的标准，社区居民将他们的孩子送去当地的其他学校进行学习，并用脚投票以示不满。

伯灵顿·丹麦学院的学生构成与我在南伦敦的学生类似。超过 50% 的学生接受免费学校午餐，这就意味着在这个平均租房费用 1 412 英镑的城市里，他们的家庭年收入却低于 16 000 英镑。大部分学生生活的社区属于政府低收入家庭儿童指数中指数最低的 1%。除了物质上的不利条件，我教的年轻人还饱受社会错位的折磨，这种错位一点一滴都是破坏性的。伯灵顿·丹麦学院周围的环境正是如此。校门前面的北肯辛顿是政治家、律师和媒体高管的家园。继续步行 15 分钟，能看到位于波多贝罗和诺丁山地区的格鲁吉亚别墅区，或是优雅迷人的荷兰公园豪宅区。然而，一路上你却无法忽略那些外墙灰暗斑驳的社会福利房，我的许多学生就住在那里。

2011 年发生的骚乱多少反映了伦敦城市表面下潜藏的紧张关系。有些学生住在皮博迪庄园附近，那里隐匿着制造 2005 年伦敦爆炸案的恐怖分子的居所。我的学生大多见识过涉及枪支和刀具犯罪，帮派文化或毒品案件。导致骚乱、恐怖袭击和暴力犯罪的原因自然是复杂的，但 2011 年的夏天，犯罪明显是因为众多伦敦年轻人对这座城市缺乏归属感，也遗忘了作为一名真正公民的权利与义务。

我离开舒适的圣心学校，接手伯灵顿·丹麦学院转型工作的举动的确令人惊讶。不过，在两次访问校园的过程中，我已察觉到学院的一丝潜力。这座 20 世纪 30 年代艺术装饰风格的建筑，曾经的女校校园，即将被一座价值 2 000 万英镑的，由英语部、数学部和科学部构成的 3 层摩登建筑取代。计划还包括在 5 英亩的土地上建造艺术表演中心、全天候体育场和一座帮助学生在大学入学前度过关键性两年的第六学级中心。我在访问学院时遇见的员工尽管士气低落，却都是认真而富有同情心的人。学生虽然对他们接受到的教育无比失望，但都是有抱负、有决心的人。校名中的"丹麦"二字，表示男校是由圣克莱蒙丹麦人教堂成员建立，旨在服务中世纪伦敦的丹麦裔社区。现在，伯灵顿·丹麦学院则面向多元化的西伦敦社区：学生中英国白人占 15%，其余由摩洛哥裔、阿富汗裔、索马里裔、孟加拉裔、埃及裔、波兰裔及其他族裔学生构成。自 20 世纪 70 年代从肯特搬到伦敦以来，我就爱上了这种多元化与活力。

第一印象

我还记得第一次拜访伯灵顿·丹麦学院时的生动画面。在一个秋高气爽的早晨，我乘坐地铁来到白城。在 BBC 电视中心门外的汽车站，我向一群女学生询问去伯灵顿·丹麦学院的路。"跟我们走吧。"她们说。于是我上了 220 路汽车，沿着伍德街只开出一小段距离就到了伯灵顿·丹麦学院校门口，幸好我在途中听到最了解这所学校的人的谈话。和我交谈的女孩们不大开心。她们不停地向我诉说"小学校模式"，这种旨在加强学生学习体验的校中校模式，撕裂了她们的朋友圈子。不知道这些女孩儿是否还记得那天早上的事情，但我确信，当我第一次在全校集会上宣布废除"小学校模式"时，其中一个女孩眼中闪过了泪光。

我本人的教育经历使我认识到学校具备的独特力量，这种力量能够改变每个在校学生的人生。我在肯特区的梅德斯通长大，我有一兄一姐，都比我年长许多，还有一个年幼的弟弟。7—16 岁我上了一所私立修道院学校，使我幸运地免于参加令人头痛的 11 加考试（11-plus）——学生 11 岁时参加考试，从而决定他们接下来能上教学质量高的文法学校还是上糟糕得令人生厌的"中等现代"学校。我将在后文披露我对严格考试的看法，但我始终认为，让一个 11 岁的孩子接受这样严格的考试，并且将人生机遇完全维系在这一次考试的结果上是不公平的。

学校长期难以摆脱失败这件事是整个社会的伤痕。约翰·F. 肯尼迪曾说过："我们国家的发展速度不可能超过我们教育的发展速度。"在大西洋两岸，我们仍旧在为创建伟大的学校，尤其是在贫困地区创建伟大的学校而竭尽全力。真有那么困难吗？学校面世已有千年之久，或许在你看来，如今的我们早已解读出成功的秘诀：强有力的领导、有才华且全身心投入的教师、体面的设施与资源、个性化支持——这张蓝图可以从任何教育团体的网站上找到，然后复制、粘贴。这些原则惊人地显而易见，早在雅典创立最原始的学院时，苏格拉底便已提出。当时与现在最大的区别恐怕是，古希腊求学的学者们是自愿入学的；而 2 500 年后，西方国家还在为有效地提供"义务"教育而挣扎，尤其在贫困城市社区，这项挑战变得更加艰难。

德国哲学家尼采曾说过："大国的公共教育总是平庸无奇，同理，大厨房里端出的饭菜往往乏善可陈。"但这本可避免。教育学教授杰拉德·格兰特在其著作《美国城市的希望与绝望：为何罗利没有差学校》（*Hope and Despair in the American City: Why There are No Bad Schools in Raleigh*）中谈及一种"民主交易"，即只要全民教育系统足够强大，便可容忍资本主义的不平等。这与美国梦或"机会平等"是一回事。在欧洲，人们更喜欢这样说：社会中的每个人都应享有一条公平的上升通道，只要努力就能攀上顶峰。显然，我们没能兑现这项民主交易。你或许曾经听说过统计数字暴露的残酷现象，我在这里列举少许。仅有 7% 的英国年轻人出身于私立学校，而 46% 的牛津大学学生接受的是私立学校的教育。英国 75% 的法官、70% 的财务总监出身于私立学校。据《泰晤士报》报道："有 10 种行业，超过半数的杰出人士接受私立学校教育，其中包括国家或地方政府（68%），法律（63%），高级军官（60%），商业（59%）。"该报道还称："仅 10% 的精英

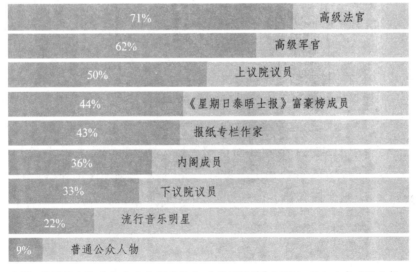

来源：英国社会流动与儿童贫困委员会，《英国精英》（*Elitist Britain*），2014 年

图 1　服务于英国精英的私立学校教育

出身综合学校，包括演员丹尼尔·克雷格和BBC记者罗伯特·佩斯顿。仅1%的精英来自非重点学校，包括演员科林·费尔斯和奥运赛艇冠军史蒂芬·雷德格雷夫爵士。"（见图1）看来，攀登社会阶梯得像"007"一样足智多谋才行。我完全同意前教育部部长迈克尔·戈夫的说法，由接受私立教育的精英把持高层是"不道德"的。

将这种迫切的道德需求转化为果断的行动并不容易，但却可行。以图2为例：

伯特兰·罗素曾说过："文明人的标志是能够看着数据流泪。"用图2测试人的文明程度未免不公平，因为散乱的圆点所揭示的不公平实在太显而易见了。简单来说，图2显示学生成绩与贫富程度密切相关，接受免费学校午餐的学生很难像那些有钱的同龄人一样获得高分。遗憾的是，几十年来我们其实一直都明白社会背景与成就之间的利害关联。1966年的《科尔曼报告》（*Coleman Report*）中总结道，在美国，"排除基本社会背景的影响，学校对儿童成绩的独立影响微乎其微；这种独立影响的缺失意味着儿童家

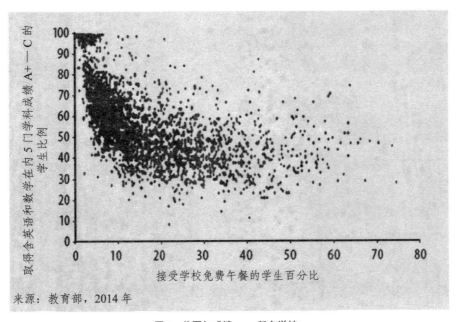

来源：教育部，2014年

图2 贫困与成绩 —— 所有学校

庭、社区与周围同龄人带来的不公将导致他们在成年后面对的不公。"经过 50 年，2010 年的一项由经合组织发表的报告指出，在英国，父亲的收入决定儿子未来收入这一情况比在任何发达国家都普遍。对我们这些坚持认为能够改变该情况的人来说，上面的图带给我们希望，看那些离群值 —— 贫困学生人数众多却依然成绩优秀的学校 —— 他们正在努力扭转局势。如果已经有某些学校做到了，为什么不能让所有的学校都行动起来？那正是摆在贫困社区学校校长面前的挑战，也正是它激励我在 2008 年同意就任伯灵顿·丹麦学院校长一职。

结语：伯灵顿·丹麦学院深陷绝望；我在犹豫中答应尽量挽救它。

第一课　身先士卒

第一次和他开会时，他仿佛带着一大包自信走进来，打开包，自信便流淌在整个房间里。

领导的难度在于为组织创造目标感，并向组织成员提供追求目标的手段。领导必须身先士卒。当然也存在其他类型的领导者，许多内省型和思考型的领导者通过创建体制与流程确保运作效率，从而成为成功的领导者。但学校是部落型组织，特别是城区学校。因此，深陷危机的城区学校需要的是能够身先士卒，在组织内部建立强烈个人吸引力的领导。他们抛开领导力教科书，注入自信、坚忍与诚信，将支离破碎的组织转变成繁荣的学习性社群。

这种转变需要细致的规划。2008 年的头几个月，我多次走访伯灵顿·丹麦学院，还邀请骨干员工来圣心学校访问。几乎没有一名伯灵顿·丹麦学院的员工在高效的学校工作过，我想提升他们的眼界。我希望他们听听静悄悄的走廊上传来的脚步声，看看教师们笑着欣赏他们的工艺品制作，并且体会实施留堂来维护公正所带来的美妙感受。伯灵顿·丹麦学院的员工太疲惫了；他们的面孔反映出不合格学校的艰难处境，在那里，低期望值与不信任感等文化毒瘤将主动性、政策和教学的活力统统吸干。许多伯灵顿·丹麦学院的教师和领导从未见过一所繁荣的学校。走访圣心学校唤醒了他们的乐观，粉碎了他们的失败主义成见。

招待大家访问圣心的同时，我用晚上和周末的时间周详地计划我的西伦敦之旅。前英国学校事务大臣安德鲁·阿多尼斯在他 2012 年的《教育，教育，教育》（*Education, Education, Education*）一书中说过："在政府，除非已事先做好大部分的改革计划，否则改革很难成功。一旦上任，无论首相，即便只是个特别顾问，也几乎没有时间和空间对议题进行研究和思考。"活力十足地开始我在伯灵顿·丹麦学院的工作很重要，我细致入微地设定了计划，针对会谈时长、需要向员工传达的信息、必要的决策和需要安排的会议全部都有所准备。我在制订这所不合格学校的接管计划时，绝不允许意外发生。"不合格"是个刺目的字眼，在为伯灵顿·丹麦学院做准备时，我并没有多少基础可以倚仗。我咨询过的每一个人都对基本的纪律问题、学风问题、标准化考试分数问题提出了各式各样的意见。因此，我的计划谈不上有多么聪明、精妙和有针对性：我为这所不合格的学校设计了一个迅速转型的方案。2008 年 4 月 21 日，开学的那一天，我已胸有成竹，我的计划令我满怀信心。

为上任后的第一步做计划

关键问题：

1. 学院有什么优点？

2. 学院有什么缺点，有什么需要改进或废除的地方？

3. 对校长有什么期望？

若想迅速留下印象，就去改造洗手间或者改进食物；对校服略作修改，特别是要邀请学生参与讨论并协助设计工作。

对话很重要　和团队成员共进午餐或喝下午茶，与学生、家长见面，找出后进学生，约见他们和他们的家长；找出水平不足的员工，与他们进行职业面谈。

认识你的领导团队　挖掘并释放他们的全部潜能。要有一定的可见度，尤其是要有目的性地展示自己。

问责很重要　组织结构能否保证有效地做出决策？课程大纲能否吸引学生？师生行为规范做得如何？是否有礼貌？

关注学习，而非行为规范；使用多组作业本；分析地看待教学；观看展示品；坚持不懈地、系统地分析数据；同时，重视学校不可量化的方面：目标、勤奋、沟通、自豪感、使命感、集体精神与合作意识、校风、格调、严谨、坚持、学校形象以及期望值。这些都是帮助普通学校走向成功的因素。

我的任务是重振学校。我们需要为学校打一剂强心针，注入温情与积极性。我到任前一个月，学校刚刚接受了女王陛下评审机构的监测访问。我还记得评审员严肃地递来学生对学校的惨淡评价——这些学生是被评审员挑选出来面谈的。让孩子为学校感到自豪势在必行：在他们心目中，他们的学校应是全世界最棒的。于是，我用了学校尚未企及的水准来描绘它：好学校，教师上课有吸引力，学生快乐地学会未来成功所需的技能。我就这样提高了大家对学校的期望值。任何怀疑期望值作用的人，都该想想他们上一次站上自动扶梯，期待扶梯移动时的情形。即使看到自动扶梯并没有在运行，你的步伐还是会不由自主地配合它原本运行时的节奏，几步之后才会调整回来。2008年夏季学期，我的任务就是纠正伯灵顿·丹麦学院师生的步伐节奏。把员工沉重的步伐转变为轻快的跳跃，把学生在狭长走廊上不协调的脚步声引导成沉静、轻快、意气风发的脚步。

一步一个脚印，我们取得了进展。

新学期从一场员工会议开始。在会上，我分享了我心目中学校的优缺点。优点在于学校有出色的设施与一群既才华横溢又全身心投入的员工。后一条看似过誉了，但我确实是这么认为的。和学生一样，员工的潜能未能完全发挥，大部分教师渴望改进，只要给他们一点儿机会就能成功。那个4月的早晨，我与教师们分享的缺点就比较多了。我是3年中第3个上任的校长，员工之间不团结，普遍习惯互相抱怨，有大量的代课教师、短期合约教师和不合格教师。学校管理系统混乱，最具破坏性的缺点恐怕是：对学生的期望值极其低下。我告诉教师们，我们会在两年内令取得中等教育普通证书考试5科或5科以上优良的学生人数翻倍，超过全国平均水平。我的简单咒语就是，教师应当做好备课、教学与批改工作。

新校长在首次员工会议上应当谈到的 3 项要点

在方舟接受面试时，我被问到打算在首次员工会议上谈哪 3 件事。我的回答是：

1. 教与学是最重要的活动。教师是最重要的资源。我们做任何一件事，都要考量对课堂活动的影响。我会观察每位教师的讲课情况，并且与每位员工进行面谈。

2. 整顿学生行为规范，必须使其有利于学习。重新议定行为规范管理条例。

3. 我不可能单独完成这些事，而要靠集体的努力。在走廊、操场和教室里，通过共同努力才能实现改变。

这些话或许不如好莱坞电影那样感人至深，但依然引起了共鸣。我用简单明了的语言向教师们再三保证自己了解优秀学校的模样，并懂得如何让伯灵顿·丹麦学院成为一所优秀的学校。我向每个人 —— 员工、学生、访客保证，我会长期留在这儿。稳定感很重要。在教师岗位上，你会发现大部分人都希望接受领导。对孩子们来说，最让他们困扰的事莫过于发生在课堂上的权威争夺战，教师在这种课堂上总要费尽全力地维护自己的权威。同样，在员工办公室，人们总想知道自己的位置，他们渴望从自信的领导者身上获取稳定感。作为校长，自信很重要，我也尽量能通过自信感染心力交瘁的新同事们。我在《星期日泰晤士报》上读过一篇关于英格兰国家足球队前教练法比奥·卡佩罗的文章，文章这样形容他："第一次和他开会时，他仿佛带着一大包自信走进来，打开包，自信便流淌在整个房间里。"那就是我 2008 年夏天的工作。

刚开始，我有意忽略了其他所有事务而只去关心手头最要紧的任务：努力把学校带离长期以来的不良状态。领导复杂组织需要做出无数决策，但我努力将焦点只放在与核心目标相关的事务上。学校最根本的任务就是保证课堂教学质量，于是我让各学科部门领导每周五将下周的备课计划收集起来，交给我审核。我希望看到有难度、吸引人、有一定广度并且适合所有学生的备课内容。这样做能提高教师对教学的总体要求，确保他们在开始的几周做到仔细备课。这样做也意味着资深员工会检查并确保，我们释放的高期望值信号对课堂活动产生了影响。通过检查，确保作业根据学生能力高低有所区别；通过检查，确保学生通过上课，有机会达到并超越自己的目标分数；通过检查，确保作业能巩固在课堂上学到的基本知识。

上任第一天，我也安排各年级分别举行聚会。一些教师告诫我别这么做，说孩子可能会公然做出目中无人的举动，但事实却大不相同。孩子排队走了进来，听我讲话，当然讲话内容又是关于高期望值的：我们的目标是什么；我们要如何达成目标；我需要大家怎样配合。聚会结束时，每个年级有15—20名学生被叫到前面，领取一份书面通知，通知要求他们必须带上家长一起返校。这些学生都是由我的高层团队挑出的长期存在捣乱行为的学生。他们在随后的几天陆续和家长一起返校，与他们面谈后我的记事本第一周的几页被写得满满当当，同时我也和家长分享了我的期待。我有 4 个孩子 —— 最小的还在备考普通教育高级程度证书 —— 还有 3 名继子女，所以我明白家长总是期望孩子做到最好。校长的任务是努力说服家长，你也有同样的期望，如果他们信任你和学校，你就能带给他们满意的结果。我们仅开除了 1 名完全无法按新规矩行事的学生，其他 72 名学生都在大家的全力支持下返回了学校，此后我们再也没有重复这一做法。

我要让学生意识到，在那个春天的早晨，他们到校的一刻，细微的环境变化都在告诉他们，如今不一样了。我去年在阿姆斯特丹参加校长会议时，狭小操场中放置的几张全天候乒乓球桌吸引了我。这样的球桌在圣心学校很受欢迎，于是复活节假期过后，我在伯灵顿·丹麦学院的操场上安装了10 张球桌。我想这该是学生课间的最佳体育活动了。它异常平易近人，简单易学，也不需要太多空间，一旦有了球桌也不需要太多其他装备。我和助理按成本价出售球和球拍，没几天，每当课间和午休时桌边便总是围满了人，连上学前和放学后也不例外。时隔 6 年，那几张球桌依然在那里，我们的乒乒球实力也广为人知。甚至几年前，伦敦市长鲍里斯·约翰逊还来这儿打过"挥划"（whiff whaff，乒乓球在英国问世时的旧称）。

另外，还有一些地方发生了变化。一天早晨，我向大家分发了从牧羊丛地区的 1 元店里买来的门挡，鼓励教师上课时敞开教室大门 —— 我自己的办公室也一直采取这样的开门政策。门挡在走廊上也很有用；学校主楼因其 20 世纪 30 年代的装潢风格、别具一格的建筑艺术价值而被列为保护建筑，这也让学生们常常被沉重的铁门划到。看似小事，可当 1 000 名年轻人需要每天 6 次在课间快速移动时，门挡大大地方便了学生的进出。盆栽和挂篮绿植四处可见，几百米的地毯让走廊变得亲切起来。着眼细微之处至关重要。

第一学期，第一天：

1. 员工会议，学生放假；

2. 设定目标，吸引员工，同时提出明确的行为规范要求：着装、备课、布展、出勤、员工简报会、员工通知、新体制；

3. 安排临时战略领导小组工作，分享我对合作的期望。

第二天：

1. 在聚会上会见全体学生；

2. 设定期望值，批评违纪行为；

3. 介绍新规矩，分享我的高标准、严要求并强调其收益。提高成绩、令课堂重归平静、能到操场上打乒乓球；

4. 书面通知部分问题学生带家长来学校。

第三天：

1. 出现在走廊上、微笑、姿态积极；

2. 出售乒乓球和球拍；

3. 与问题学生家长面谈；

4. 开始执行新行为规范政策：前半学期，纪律主管教师托尼·兰博会一直巡视走廊。

上半学期：

1. 采用配小西装外套的新校服和新书包；

2. 安装扩音设备，帮助我同时对全校师生讲话，我很少用它，因为要保持它的庄重感；

3. 不再使用代课教师，扫除在职教师的懈怠感（许多人实际课时少于合同规定）。

下半学期：

1. 所有家长可以免费获得新校服的小西装，但必须亲自到学校领取；利用这个机会与所有家长交谈，内容涉及考试、新的分班情况、排名等；

2. 取消战略领导小组周末会议，为战略领导小组安排新任务与新责任。

2008 年 9 月：

1. 满怀期待地看着学生们按新班级排队。他们会穿上新校服带上新书包吗？绝大部分都穿了，只送了 20 个没穿校服的学生回家。

2. 打开我的办公室大门，迎接学生和员工们。

领导者总得站在聚光灯下，我来到伯灵顿·丹麦学院时便是如此。我是个空降校长，伯灵顿·丹麦学院的教师已经看惯了领导来了又走。作为领导，诚信尤为重要。你得泰然自若，还得以绝对的自信、清晰的思路与家长、教师以及学生交谈。这种信念不能作假。未来领导者和全国学校领导力学院这样的组织能有效地帮助立志成为校长的人们培养领导力，但校长的领导力更多取决于个性。孩子能迅速地看穿伪装。于是校长别无选择，只好以本来面目示人，我想丘吉尔的这句话大概就是这个意思："我能尽心奉献的别无他物，唯有热血、辛劳、眼泪与汗水。"此时经验就有了用武之地；我曾领导过整个学科部门并几乎懂得担任领导必需的全部知识，从编写课程表到招聘员工。我曾领导过一所优秀的学校。那些经验带给我自信，使我在伯灵顿·丹麦学院身先士卒。早期我在谈话时最常做的就是不断向教师、中层领导和高层领导保证我了解如何打造优秀的学校并有能力让伯灵顿·丹麦学院优秀起来。

领导在工作前期展示个性、热情和动机变得无比重要。方舟集团最近开展了一系列领导力讲座，其中第一场的主讲人是前外交大臣戴维·米利班德。他主张分享激情与动机，揭示内因，而不是简单地凭借先进政治家的身份或者领导后进学校的一纸任命开展领导工作，人们有能力理解你的动机。我告诉我的学生，他们配得上最好的学校，他们完全可以和在我们学校隔壁的绿茵场上奔跑的私立学校的学生一样成功。我告诉他们，我想让他们成功，想得彻夜难眠。我也曾与那些试图每天早上把个人特色留在家里的教师和校长共事过，但我认为这会演变成冷漠疏离的专业态度，结果反而会与充满人性活力的现代学校格格不入。

成为校长的理由

根据全国学校领导力学院 2010 年的一项研究报告显示，"在艰苦环境下领导学校的好处"如下："……校长显示出专业性，如注重个人信念与尊重他人、坚持维护年轻人且宽容地支持他们。通过某种程度的个人谦卑能够柔化这种专业性。他们为了学校，为了当好校长，将高情商、冒险的勇气以及培养学生的热情结合起来。"

1. 校长能够塑造超过 1 000 名儿童的未来：在教育界，这是个终极职位。我认为，校长需要视野、驱动力、激情、信守承诺以及细致的观察力。也需要高情商，从而读懂对方的 潜台词，做个"社交型人"。比如对他人的生活、动机和渴望感兴趣。优质的社交关系是留住员工、培养员工的关键。一周工作 60 小时是家常便饭，必须一肩挑起所有的责任。有机会为年轻人的人生带来翻天覆地的变化。校长必须拥有平等观念，尊重每一个个体且深切地关注他们的需求。

2. 校长有机会按照自己的想法塑造学校，将自己的想法、视野与价值观付诸行动：这令我感到极大的满足。无论背景如何，人人皆可成功。当前许多人正在议论领导工作的"道德目标"，他们似乎认为要拥有杰出的领导力，唯一不需要的东西就是道德目标。我因为喜爱英语而走上教师的职业道路，希望能与年轻人分享我在文学方面体会到的喜悦。尽管现在我很少再给年轻人上课了，但这种满怀爱与感性的目标从未远离我；从根本上，我相信课堂能决定一所学校的成败。这就是道德目标——校长必须关注课堂，其他任何东西都是次要的。

3. 成为校长是职业信誉的终极测试。哈格里夫斯和富兰在《专业资本》（Professional Capital）一书中曾提到过，关闭教室大门，教师便拥有最高权威。在学生关心的领域，教师的权威总是超过校长、总统或是首相。若是如此，教师便再也无法令学生与自身取得成功的、可持续的改进了。必须通过教师才能实现进步……教师保证在行为规范、团结、格调、思想上提供优质教学需要正确的环境，这种环境需要校长提供。

4. 校长的工作高度自由：自己设置规则，自己决定工作日。我很高兴领导"风格"并不单一。设置步调、以身作则、与外部利益方建立联系、会见家长、教课、创建团队以及培养责任心：这些都是校长能够取舍的砝码，明智的校长会好好地利用它们。

迈克尔·富兰指出："通过校长对他人领导力的培养成果来判断校长的领导能力。"太正确了——在课堂上身先士卒的教师也拥有最佳领导力。

学校有其自身特别的能量。每天一早，当8:30的钟声刚刚响起，门卫打开挂在校门上的大锁的那一刻，学校便有了生气。教师们才喝过咖啡，精神饱满地围在复印机周围，校工们在放置校会需要的椅子，几个急切的学生（每天通常都是那几个）迅速溜进校门，在校园里找到一处角落安享静谧；7:30—8:30，会有1 000个孩子步入校园——开始是慢条斯理地走，越往后，因为快要打铃了，留堂的威胁越来越近，脚步便越发地急促起来。这些年轻人，人人脑中都装满了希望、梦想、困难和担忧。那便是在学校工作的愉快之处：每天都会遇见各种能量的大杂烩。我还热爱学生们的无限抱负：

有些学生不会写字却依然希望成为律师或医生；有的想努力成为职业足球队员或电视达人秀的赢家。再往里添一点青春期元素，一点社交冲突，最后在引导这些能量变得和谐而有意义的过程中，就能看清一所后进学校的面貌。我无比尊重所有类型学校里的教师们——我明白有钱人的小孩同所有人一样需要爱、照顾和关注——但在伦敦的贫困社区工作了近 40 年的我能敏锐地感知，有些学生也把家庭造成的紧张感带到了学校。

也许，我来到伯灵顿·丹麦学院时面临的最有难度的挑战是如何获取新战略领导小组的支持。我收到过关于他们能力的各种意见，但我个人对他们的印象是积极的。他们中的大部分人都陆续到圣心学校来拜访过我，所以我在当时便有了自己的判断。一次在伯灵顿·丹麦学院，我看到他们穿着体面地出现在学生面前，这是对学校高层领导的基本要求。很幸运能接手这样一支有战斗力的队伍，因为我丈夫在圣心学校掌舵，我没办法从那里挖走我过去的团队！任何领导者都希望带着值得信任的盟友一起赴任，但在我看来反而令人高兴，无论如何，有一项重要原则就是，比起从外部招聘，我更倾向于发掘组织内部人员的才能。我有一支庞大的战略领导团队，其中有12 人都是从内部提拔的。

我委任了迈克尔·黎布顿担任高级副校长，作为盟友协助我的工作。我以前不认识迈克尔，不过他在荷兰公园学校担任副校长颇有建树，而且他的简历也显示他就是我要找的战略家。因此，经过几次面试和对话，我让迈克尔成为我的左右手。他和我一起参加了春季学期开学前的首次会议，从那时起他就一直在我身边。每天早晨 6 点刚过，我们就一起在学校边吃维多麦或燕麦粥，边讨论公事。他是个很有智慧的人，既有洞见又有幽默感，还具备有意见冲突时挑战我和其他人的胆略。随着时间的推移，我被其他要紧事占据的时间越来越多，迈克尔越来越多地牵头学院领导工作，他也变得越来越重要了。我还新招了一位个人助理黛比，这 6 年来她始终是我的重要助力。黛比像迈克尔一样，在此处没有既得利益，因此除了我，她不忠于这里的任何人。好助理对领导很重要。你得能信任他们，这样他们就会成为你的知己，你可以随时在他们面前整理思路，释放沮丧的心情或陈述想法。他们的工作也包括管理你的工作日志，所以他们一定要明白你心中的主次。在开始的阶段，方舟集团帮了我很多。作为校长，很难同时成为法律和人力资源方面的专家，所以要尽可能接触各种优质建议和信息的来源。

我们从一开始就走对了方向：笑容开始回到员工们的脸上，而且我们举行了所有年级、全部科目的考试，明确传达出一条信息，我们就要着手帮助年轻人准备考试了。数据极其重要：考试有助于学生提高学习水平，了解自己的位置并找出达到更高水平的方法。针对全体学生的正式考试也有镇静剂的作用，教会学生重要的一课，努力才能成功。任何前来访问伯灵顿·丹麦学院的人都不能指责我们是考试工厂：我们是个充满活力、温暖的群体，有数不清的才华横溢的人，但通过考试是学校生活的基本，如同面包和黄油一般，我们训练学生严肃认真地对待考试。静悄悄地进入考场，只用黑色钢笔写字，合理分配答题时间：这些习惯对学生有好处，我们从一开始就在培养。

在学院每周通讯访谈中回答"54321"

5 个您希望与之共进晚餐的人：

比莉·霍利戴 —— 她会为我们大家表演唱歌。

史蒂芬·弗莱 —— 他说话风趣幽默，能逗笑所有的人。

纳尔逊·曼德拉 —— 自由斗士，坚信和平摒弃暴力。

乔治·克鲁尼 —— 主要是对他的好莱坞八卦感兴趣，当然还有他长得很帅。

伊丽莎白女王一世 —— 在妇女几乎没有权利的时代坚持单身的强大女性。

最难忘的 4 本书或 4 部电影：

《哈姆雷特》（*Hamlet*） —— 我喜欢莎士比亚，这是我最喜欢的一部戏剧。

《呼啸山庄》（*Wuthering Height*） —— 充满激情的书，发生在最零落之处的故事。

《白雪公主和七个小矮人》（*Snow White and the Seven Dwarfs*）——我第一次在电影院观看的电影。

《驱魔人》（*The Exorcist*）——第一次看这部电影时，我连续几个晚上睡不着觉。

上一顿晚餐吃的 3 道菜：

煎扇贝和虾——我喜欢海鲜。

马德拉斯咖喱鸡——咖喱令人难以抗拒。

草莓配奶油。

最想去的 2 个国家：

印度——历史悠久文化丰富，值得一看的地方太多了。

西藏——自从看了《西藏七年》（*Seven Years in Tibet*）就一直想去。感觉那里实在太神秘莫测了。

最难忘的 1 天：

在佩卡姆一所学校任教第一天的第一堂课。我面前有一群 9 岁的孩子，他们没有一个人带了笔，对英语课也没有丝毫兴趣。时间过得真快啊！

关起门来，我们与不合格教师进行了谈话。根据听课、分析的结果，大约三分之一的教师未能达标。我们请少数教师另谋高就，总的来说，他们都听懂了我们的意思。在处理表现不佳的学生与教师的同时，我们也迅速采取行动留住那些优秀的教师。一位优秀的体育教师和一位优秀的英语教师已经收到了其他学校的聘书，所以我花了大量时间做说服工作，令他们相信我能够改变伯灵顿·丹麦学院，我向他们再三强调这场改变中他们应该扮演的角色。后来这两位教师都成为教师团队的核心成员：一位担任年级组长，把一批学生从七年级带到十一年级，而后升任助理校长；另一位成为英语教学组组长。从外部招聘员工大概是我最大的长处。自信的人有时会变得傲慢自大，但我的自信是另外一种："跟着我，你会成功。"通常他们最后都能成功。

与不合格教师的谈话

在伯灵顿·丹麦学院的第一周，我请战略领导小组（除了迈克尔，因为他和我一样是新来的）成员列出他们认为不合格的教师名单。65名教师中有23名上榜。每个榜上有名的教师都和我或者迈克尔进行了单独会面，有些同时和我们两个会面。对话一开始都是这样的：

"抱歉，领导小组认为您的工作不合格。"

"什么意思？我怎么会不合格。你看没看过我是怎么上课的！"

"你说得对，我没看过。你认为我应该亲自评判这件事，这点上你说得没错。我会去听你的课，看你的教学计划，检查学生作业，还要看看你的批改情况和批改记录。"

随着对话的进行，员工们开始认清现实。被传唤的人中，21人在当年辞职，其余两个人在第二年离开。学院是个有挑战性的地方，我对自己说，这样就能减轻赶走不合格员工带来的道德压力 —— 说不定他们能在规模更小、更有秩序的学校取得成功。

我想，教师确实必须了解岗位的职责底线：能力、要求以及他们对谁负责。这些对话反映了我直截了当的管理风格。你的直截了当，等于给别人一个机会，帮助他们做出正确的职业选择。

对校长来说，这种困难的谈话是家常便饭；我尽量开门见山、坦白诚实。我不评价整个人，只列举他们的行为和表现。必须有据可循，最重要的是要果断。教师是学校最重要的财富。但一定要把学生放在第一位。

对全校提出高期望值时，我们也遇到过一些困难。一位助理校长在十一年级学生进行夏季考试前为他们整理编写了一份复习指南，每科使用的字体和格式都不同。于是，我们收回了成箱的小册子，我让副校长重新编写。我的一贯原则是，只做最好的，绝不退而求其次。新校长有资格做出各种改变，但一定要选对目标，尤其是一开始的时候。事实上，多数教师选择教书都是因为他们关心孩子，希望孩子们成功，这一点很有用，我们可以好好利用这个共同目标。另外，多数人希望工作稳定、有意义，因为你是他们的领导，听从你、积极地支持你对他们是有利的。目前来自教师工会的束缚已经有所减少，这会给我和员工们更多的行动空间，我们面临的唯一障碍是，在长期成绩不佳的情况下形成的坏习惯、低士气以及低期望值。而这些障碍都是可以克服的。我们的情况不像联赛垫底的球队，前面有 19 支球队把你完全压制在那个位置上；也不像失败的公司，周围全是虎视眈眈的竞争对手，恨不得对你落井下石。每个人都希望我们成功，而我们只需要团结一致，朝同一个方向努力就行了。

我从规划的前期过程中学到了很多。人们害怕变革，领导者也害怕发动变革，但我从自己身上学到，如果组织有必要变革，就不容迟疑，必须调动你的全部能量，考虑全盘计划并执行计划。我学会了冒一些可控的风险，变得更坚忍，对周围的人严格要求。多数人都想成功，也有能力成功。我很注意不去为了自己评判他人，我为不得不进行的谈话做充分的准备。在最早的几周十分积极主动，我为每一天、每个小时都做好了清晰的计划。我依靠常识，相信自己的判断。在学校的日子就像是在做危机管理，每天都没有足够的时间处理大量涌来的事务。这就是需要委任他人的重要之处，要奋力拼搏出一点时间和空间，让自己作战略思考；要为将来提前做好准备，而不是事到临头才手忙脚乱地应付。每天晚上回到家，我都会检查我的记事本，然后重新安排第二天的计划。我会排练关键性的对话，将不太重要的事放在一边，只关注最根本的挑战，那就是创造丰富多彩的教学环境。总而言之，我再三告诉自己，每个人 —— 学生、家长、教师、方舟集团、董事 —— 都希望学校成功。我要做的就是选择正确的行动。

拿破仑曾说过："领袖就是贩卖希望的人。"早期我确实感到最大的挑战就是如何让这个士气低落的组织重新振作起来。作为英语教师，我很喜欢奥巴马总统在 2008 年大选获胜时说的一句话："用诗歌的方式竞选，用散文的方式执政。"工作前期就像充满希望的诗歌与世俗的散文混杂在一块儿。无论在公共场合还是在我的办公室里，我对师生们的鼓励与称赞都像诗歌一样感性。而在学校林林总总的细小改变就像散文一般。我坚持女性教师不该被称为"小姐",应该被称为"女士"——这个称呼才是与"先生"对等的;礼貌很重要——为上了年纪的人拉门以示特殊礼遇并不过时;学期内100%出勤的教师会得到奖励,我们会向教师公布年级教师的评分,这个评分能显示学生在所有科目中的表现。如果学生在英语课的表现比其他课要好,英语教师就会得到一个积极评分;我们调整了校服,女生穿上了格子短裙,这是我一直喜欢的样式;我指定了教学组长(这让我得以提拔并留住中坚教师);我还将混乱的"小学校模式"组织结构改成了较为传统的按年级分组的形式;按成绩分班,每个年级都要定期考试,并且公示考试排名。有些调整甚至是大动干戈的,但在我看来,我们不是在边缘地带做微调,而是在重塑我们的新规矩:高期望值、严谨、专业、自豪。

简单地总结一下改革日程到岗之日我发现:

1. 行为规范不佳;

2. 开除率高;

3. 教师缺勤率高;

4. 缺乏一贯性;

5. 管理糟糕 / 不存在管理;"小学校模式";

6. 学生缺勤率高;

7. 教师士气低落;

8. 制度对教师有利,而不利于学生和家长;如周三提前放学;

9. 不关心学习环境;

10. 教学质量差;

11. 成绩不佳;

12. 学生没有主动性,过度悲观。

4 项主题:

1. 思想精神与格调。

• 强调学院 / 慈善机构 / 社区的基督教精神;

- 每日两次集会，重点是在战略领导小组集会上回顾每周主题；

- 每日员工简报会，包括一次由员工主持的"反思"汇报；

- 重新装饰校园 —— 增加桌上足球 / 乒乓球 / 学生照片；

- 在每周员工简报中表扬教师优点，并向全体人员提供优秀教学指导；

- 员工入职时发放全面的员工手册；

- 建立学生领导组织。

2. 合作与一贯性。

- 新校服；

- 每天放学前开展总结活动；

- 每天早晨列队；

- 新样式，例如条例、听课、工作框架等都使用本学院独有样式 —— 甚至伯灵顿·丹麦学院决策也有规定的字体格式（世纪哥特式字体）；

- 在学校双年刊《狮鹫格里芬》（*The Griffin*）中表彰成就；

- 提高家长对子女的期望值：问卷 / 沟通 / 开门政策 / 复习指南 / 家长通信；

- 战略领导小组周末会议决定学院改进计划 / 联合团队；

- 员工活动；

- 新的家校协议。

3. 高期望值与责任感。

- 解散学校原有组织结构，重新组织教师；

- 前两周与严重违纪学生的家长会面；

- 第一个月内与所有不合格教师面谈；

- 定期听课 / 作业审阅 / 工作回顾；

- 采用新绩效管理方式，其中包含多种附加共同目标；

- 所有师生成绩以数据为准；

- 所有学生按能力分班；

• 公布努力排名与成绩排名；

• 发现优秀教师；

• 学科关键岗位招聘新人，尤其是英语和科学课；

• 招聘单科教师，同时削减临时教师和代课教师的二线岗位，例如"学习指导员"和"纪律指导员"；

• 采用新纪律管理条例。

4. 计划、教学、批改。

• 短期：要求所有教师按新格式递交下周备课计划；

• 每6周分析一次数据；

• 各学科自评；

• 战略上强调学习，而非纪律；

• 启动杰出教师计划／任课教师任命计划；

• 提分活动；

• 听课：学习漫步活动和战略领导小组听课；

• 考试／排名；

• 提高任课教师责任感。

　　正是诗歌与散文的结合，阻止了学校继续堕落。亚伯拉罕·林肯曾说过："影响公众情绪的人比制定法律或者宣布决策的人走得更远。"而我们则双管齐下。这两者不可分割：你需要可见的良性变化来区别于过去，提升士气。吉姆·柯林斯在2001年《从优秀走向卓越》（*Good to Great*）一书中强调并议论了这一点，集体成功是团结全体成员的最佳方式。它让我想起"一事成则事事成"这句话。我们在2008年夏天取得了一些成果。全新的目标唤起了教师们的兴趣，我们在课堂上向学生所描绘的成功调动了他们的主动性，没多久我们便觉得，伯灵顿·丹麦学院团结了起来。乔纳森·史密斯在《学习游戏》（*The Learning Game*）里这样反思自己的教学生涯："如果校长、教师和学生都感到，他们是同一条船上的，这所学校就是一所快乐的学校。"所以，尽管第一学期取得了各种成功，恐怕诗歌式的一面比散文式引起了更多的共鸣。我们变成了一所快乐、和谐的学校，获得了教师、学生和家长的支持，再没有什么东西能阻碍校长的工作。我想亚伯拉罕·林肯说出下面这段话时也作同样感想："有了公众情绪便再难失败，没有公众情绪必然失败。"

在校长工作的前期，身先士卒就意味着走上舞台，站在舞台中央重振学校。我必须专业、果决、无比乐观并且精力充沛，同时也要冷静、有权威并且诚实直面学校奄奄一息的状态。这就是学校领导力的阴阳两面 —— 天鹅绒手套中的铁拳。在一所不合格的学校担任校长必须比任何人都勇敢，身先士卒地冲锋，扛起大旗引领你的战略领导小组和员工们。靠花言巧语无法令不合格的学校恢复生命力，它需要锤炼。在整个变革过程中，领导者都是透明公开的，要随时接受批评、嘲笑和责备。你必须十分专业，始终记住校长的工作就是要成为榜样，对待教师要像对待未来的校长一样。

结语：校长要表现出制订计划和重振学校的自信，这种自信需要有可见度、真实可信且有决心。

第二课　勇往直前 —— 对所有人提出高期望值

要建立更好的世界，就要改变当今决定成功的因素，机缘巧合与随机优势 —— 幸运出生日或那些历史上美好的意外 —— 造就一个人人都有机会的社会。

所有的领导者都声称自己要求很高，难的是如何在与利益相关方进行日常接触时，不断地强化这一点，以我的经历来说，主要是学生、家长、教师以及高层领导。转变贫困社区内的学校始于一种信念，处于这种环境下的孩子们仍然能够成功 —— 这一信念深植于方舟的基因，就像刻在石碑上的字一样。2008 年的伯灵顿·丹麦学院没有这样高的期望值。几乎没有教师能记起学校过去的辉煌，学生对校园中充斥的愤怒与焦灼变得习以为常。教师们开始相信"这种孩子"学习总是很困难，顶多控制一下他们糟糕的行为。而学生们也开始相信，老师不过是个辅助，街头习气不可避免地向校园里渗透。应当从一开始就破除这样的低期望值，每天都要向这些低期望值发起挑战。我是根据自己在圣心学校的成功经验提出高期望值的。我亲眼看到，背景最艰难的学生在正确的条件下也能获得成功，我确信我能将这些条件移植到伯灵顿·丹麦学院。归根结底，我的乐观是基于哈佛心理学家卡罗尔·德韦克提出的"成长型思维模式"：相信智力不是固定不变的，因而每个孩子都有成功的潜能。

寄予厚望

学生会回应你对他们的期望。如果你真心相信某些事会发生，这些事实际发生的可能性就会提高！

这点在罗森塔尔和雅各布森的《教室中的皮格马利翁效应》一书中获得了佐证。1968 年，哈佛教授罗伯特·罗森塔尔和小学校长莱奥诺·雅各布森借用萧伯纳戏剧中"皮格马利翁效应"来描述他们在橡树小学进行的一次实验，实验目的是检验一种假说：在任何班级里，教师的期望值与学生取得的成绩具备相关性。

在实验中，罗森塔尔和雅各布森在学年开始时测试了所有学生的智商。测试结束后，随机抽取 20% 的学生，无视他们的测试结果，而是直接向教师报告，说这些学生表现出"在智力成长方面有异于常人的潜力"且很有可能在学年末取得"惊人的"学习成绩。8 个月后学年结束，他们重新对全体学生进行测验。被标记为"将要成功"的孩子比其他没有被单独挑出来引起教师注意的孩子相比，在新测验中取得的进步明显更大。

即使在学生还没开始处理任何学习任务时，教师已经对他们的行为有所期待了。教师的要求会因为教的是"优等生组"还是"普通组"学生有所不同。如果教师相信来自工人阶级或特定种族背景的学生在学业方面上进的欲望低于其他学生，那么对他们也会产生不同的期望值。

实验显示教师的期望值会造成影响，为学生贴标签这一行为是站不住脚的，会在班级里建立一种氛围，某些学生被按部就班地推向成功，而某些学生则被一步步推离成功，这样只会加深现有的阶级、种族和性别不平等。相反，改变教师的期望值能提高那些通常被当成差生的学生的智力表现。

相信它，它就会发生！就像萧伯纳写的那样："看到了吧，除了那些人人都看得见的东西，一个贵妇和一个卖花女的区别，不在于她们本身的言谈举止，而在于别人是如何对待她们的。我在希金斯教授面前永远都是个卖花女，因为他总是待我像个卖花女，永远都是；但我知道我在你面前会是个贵妇，因为你总是待我像待贵妇一样，永远都是。"

在《精神层次》（*The Spirit Level*）中，威尔金森和皮克特研究了收入不平等带来的影响，介绍了年轻人是如何在努力处理充满压力的教养环境时形成自私行为的："不同的社会环境需要不同的情绪模式，在时刻需要自我保护、毫无依靠且必须通过战斗才能获得物资的社会环境下所形成的情绪模式，和在充满同情心、互惠与合作的社会中成长起来所需要的情绪模式完全不一样。"这一观点在安妮特·拉罗的著作《不平等童年》（*Unequal Childhoods*）中得到印证："在工人阶级与贫困家庭，儿童从家庭教育中接受的文化逻辑与学校的标准教育不一致。"她举了一个十分常见的，家长支持他们的孩子破坏学校规定的例子："比利·杨内利在操场上殴打了其他男孩，虽然即使学校处分了比利，他的家长依然对他的行为感到骄傲。"在《独自打保龄球》（*Bowling Alone*）一书中，罗伯特·普特南对社交资本的衰落表示哀悼："社交资本是人与人之间的联系 —— 人际网络、互惠的规范以及由此产生的信赖。"合作、互惠、信赖 —— 这恰恰是学校这样的社交机构运作所需的要素。如果走进校门的年轻人缺乏这些要素，学校就要付出更多努力去建立秩序和目标。

保罗·塔夫在 2012 年《儿童是如何成功的》（*How Children Succeed*）一书中将这些发现应用在教育中："神经科学家和心理学家告诉我们，在这种'低收入'家庭中成长的学生的 ACE（逆童年经验）分数相对更高，更难与抚养人建立稳固的、有助于降低压力与创伤影响的关系；这就意味着，他们的执行能力低于平均水平，难以处理有压力的环境。在课堂上，他们注意力不集中，社交技能弱，无法安静地坐在座位上听从指示，这些都是教师眼中的违纪行为。"

身为一名母亲，我明白"所有"孩子的成长都仰赖一种生理与心理刺激的复杂组合，所以我对"中产阶级儿童一出生就坐在通往成功的传送带上"的想法感到极其不安。但在承认全体年轻人的脆弱性的同时，保罗·塔夫也指出贫困地区的学校和教师要创建有利于学习的环境还有很长的路要走。在伯灵顿·丹麦学院，我们花了大量精力创建冷静、有序、积极的环境，在这种环境下努力学习会获得赏识和赞扬。不管在哪所学校，所有的教师都必须种下优雅的种子并为其输送养料；但在某些学校，种子散落在肥沃的土地上，只要注意避免某些消极介入，丰收就是必然的结果。在我最熟悉的学校里，环境因素指向的默认结果大不一样。我们的种子落在石头地里。土壤贫瘠，风势强劲，但只要长期坚持精心耕耘，我们依然能收获可观的粮食。

在实践中，"高期望值"意味着通过严格的个性化支持，保证所有学生取得可能的最佳结果。几年前，我或许还同意只需要针对成绩不达标的学生实施干预。随着我们不断发展，我们将网撒得广了，现在我可以自豪地说，伯灵顿·丹麦学院所有的学生都能接受干预，以达成除了国家标准要求之外的个性化目标。干预行动直击在贫困地区运营学校的核心使命，因为它主动插手影响了由人的出身所决定的人生机遇。马尔科姆·格拉德威尔这样形容它："要建立更好的世界，就要改变当今决定成功的因素，机缘巧合与随机优势——幸运出生日或那些历史上美好的意外——造就一个人人都有机会的社会。"

几周前，我们统计了七年级分数最高的两组学生中生于 9 月与 10 月的人数，以及分数最低的两组学生中生于 9 月与 10 月的人数，当时我再次见识了命运的力量。如果平均分布，出生在这两个月的学生应该占 16%。我们发现两组高分学生中生于 9 月和 10 月的学生占 24%，而在两组低分学生中仅占 8%。这表示，学生落入哪个分数区间，更多地取决于年龄而不是能力，这也提醒我们要为所有"能力"不同的学生成长和进步提供更多均等的机会。这也又一次提醒了我们，我们给学生贴的某些标签是多么武断。下面摘录保罗·塔夫在《儿童是如何成功的》一书中的一段话："当普林斯顿的白人学生尝试 10 洞迷你高尔夫之前，告诉一组学生这是关于天生运动能力的测试（这种能力正是他们担心自己并不具备的），他们的成绩比被告知这是关于战略思考能力的测试（这种能力正是他们自信拥有的）的那组学生成绩差了 4 杆。对黑人学生，效果正相反：被告知这是一场战略思考能力测试的那组学生，成绩差了 4 杆。"

这些发现打破了智商（或体育能力）天生的迷思，也提醒我们，采用多种不同的测试来评估学生的进展，而不要采用一次性的、非黑即白式的考试。

"成长型思维方式"一词在教育界已成为流行语，虽然来得迟，却十分正确。它与"有些人有，而有些人没有"的智能天生观点相反。成长型思维方式关注实践和机会，认为任何人只要在合适的条件下都能成功。在记者、前奥运选手马修·塞伊德最近的新书《跃：天分的秘密与勤奋的力量》（*Bounce: The Myth of Talent and the Power of Practice*）中对专业人才天生论提出了激烈的批评："世界级的成就源于对为可及目标的奋斗，同时清晰了解该如何消除差距。日复一日，通过不断重复和深入思考，差距会逐渐消除，然后建立新目标，依然是通过努力达到目标。"对塞伊德来说，集中注意力很重要。有些人开了 10 年车也未必能成为好司机，他说，如果他从来没有注意通过改进，接受反馈和指导来帮助自己进步的话。这种成长型思维方式对学校来说意义重大。塞伊德请读者"想想那些成千上万有可能获得温布尔登网球公开赛冠军的人，他们生来就没有机会拥有一支网球拍或接受专业训练"。对我们这些在贫困地区学校工作的人来说，我们见到的悲剧比工人阶级孩子缺席全英草地网球和门球俱乐部更令人心痛。为了鼓励练习、专注发展天分，塞伊德敦促学校更多地表扬努力而不是表扬天生的智力："围绕智力的表扬会将受表扬者引向固化型思维方式；这种表扬会让他们误以为智力这种天生的东西比努力更重要，但其实智力却是可以通过努力改变的；这种表扬还教会他们为了追求简单的任务而牺牲真正的学习。"

学生"高期望值"示例

高期望值是什么？

能提出高期望值的优秀教师：

• 注重学习，而不是行为举止；

- 提出有挑战性的要求；

- 精确了解学生的能力水平；

- 在课堂上随时考察学生的学习情况，以确保达到教学目的；

- 举行有条理的协作性小组活动，提高学生沟通、对话能力并提高学生的主观能动性；

- 至少每两周批改一次作业，给出清晰的改进指导方案；

- 要求学生带作业本上课，干净整齐地放置在课桌上；作业本内包括已完成的任务，同时也记录已经教过的内容与个性化活动；书本内整洁无涂鸦，学生会为独立完成作业感到自豪；

- 鼓励自控力强、积极的行为；独立性、理解他人；社交价值观与态度；出勤、守时和着装适宜（部分着装由学生自选）；

- 按程序做事，形成惯例，这样学生无须提醒就能对下一步如何行事心中有数；

- 教师通过提问，发展学生高阶思考能力；

- 经常制定精彩的备课内容；

- 通过各种活动发展学生的批判性思维；

- 活用不同的学习方法，让学生有机会超越既定目标；

- 布置超出课堂教学内容范围的作业，这样能鼓励学生提高独立学习能力。

塞伊德的理论与马尔科姆·格拉德威尔在《异数：成功的故事》（*Outliers:The Story of Success*）一书中的观点一致。塞伊德在书中提出"10 000 小时定律"：要成为某一领域的专家，需要 10 000 小时的刻苦练习。他用披头士、比尔·盖茨和冰球运动员的例子支持自己的观点："我们都知道成功人士来自强健的种子，但你可知道，为种子提供温暖的阳光、让种子扎根的土壤也很重要，甚至有幸避开兔子和伐木工人也很重要？"和塞伊德一样，格拉德威尔将他的理论用在学校，认为努力和坚持是成功的关键。格拉德威尔提出，数学尤其如此，重视勤勉和刻苦的国家与儿童数学成绩优

秀的国家 —— 新加坡、韩国、中国和日本直接相关。

很难想象会有教师反对成长型思维方式 —— 它能击败那些相信天赋论的教学对象 —— 在后进学校，这种思维方式更是绝对的前提，因为我们工作的对象是那些通常还没有机会发展潜能的年轻人。然而宣称我们作为学校，作为教师致力于培养成长型思维方式是一回事，在学校日常工作中融入这一观点是另一回事。

教育是一项十分依赖于人的工作，在我的职业生涯中，我多次注意到，教师或多或少都会将自己的印象和要求强加于学生。最近一名教师在员工简报会上分享的故事反映了期望值的力量，这个故事值得每个与学校有关的人铭记于心。

船夫的故事

从前有个人要坐船离开自己的村庄去河对岸。旅途漫长，于是他便和船夫聊了起来。

他问："遥远的河对岸的人们是什么样子的？"

船夫问："你原来那边的人是什么样子的？"

那人回答说："噢，他们刻薄极了，没什么好的，不友好，都是些坏人。有些是我遇到过的最坏的人。我真的很高兴要远离他们去到河对岸了！"

船夫停顿了一会儿，然后说道："噢，如果我是你，可不会高兴得那么早。你会发现住在遥远的河对岸的人和他们都是一样的。"

又有一天，另一个人也要离开同一个村庄去河对岸。他也和船夫聊了起来。

他问："遥远的河对岸的人们是什么样子的？"

船夫问："你原来那边的人是什么样子的？"

那人回答说："噢，他们热心、和蔼、友善，都是些好人。有些是我交到的最好的朋友。我会很想念他们的，也许我到哪儿也遇不到像他们这么好的人了！"

船夫停顿了一会儿，然后笑着说道："噢，如果我是你就不会这么担心。你会发现，住在遥远的河对岸的人和他们一样的。"

高期望值当然应该是奖惩并存的。帮助学生发挥潜能，就表示要在他们没能完成既定目标时拉他们一把。在周五的下午，95% 的学生都能兴奋地带着一份每周通讯离开学校，穿过校门走上伍德街，剩下的 5% 则被指导老师带去主礼堂，他们这一周被战略领导小组留堂了。这 50 名学生（每周人数略有变化）将要留堂 2 小时，然后才能开始他们的周末。战略领导小组成员和年级组长轮流主持留堂，每周至少两人一同承担这项工作。礼堂布置得像期末考场一样。每张桌子上有 4 张用来写保证书的 A4 纸和一份塑封留堂说明。学校 3:40 放学，几分钟后，学生就会来到礼堂。许多人都会抗议，说自己是无辜的，所以年级组长要随时说明理由，解决纷争，并且确认已经通知学生家长。纪律主管兰博先生负责安排座位，他对群体互动有着不可思议的办法和诀窍，他会隔离某些过分捣蛋的留堂生。通常 15 分钟后所有的学生都到场了，七年级到十一年级的男孩女孩分散坐在礼堂内，慢慢接受他们的命运。没有开始写的人会被催促。按照留堂说明，他们要在 2 小时内填满 8 页纸，写出他们被留堂的理由、相关的检讨和保证。下面列出部分较常见的句子（每一句长度都差不多，避免学生刻意挑选最短的那些句子）：

1. 我会带齐每堂课需要的用品来学校；

2. 我会对自己的行为负责并出席留堂；

3. 我会努力避免一周内犯 3 次以上的错误；

4. 我不会再和同学打架或侵犯他人；

5. 我会一直爱护学校财产和资源；

6. 我会准时到校上课；

7. 我会一直尊重学校教职员工；

8. 我会完成每一门课的作业；

9. 我不会在课堂上捣乱，打断其他同学听课；

10. 我会每周、每天出席每一堂课。

塑封说明很好地教会学生们必要理由和充分理由之间的区别，我对六年级的学生说："写满 8 页是结束留堂的必要条件，但不是充分条件。必须写满 8 页，同时待足两个小时。"毫无意外地，我们还是有学生写完 8 页后欣喜地报告我们，指望能在墨迹风干之前获准离开。

这两个小时，仿佛是 50 名学生和两名教师共同上演的一场优雅舞蹈。如同在课堂上一样，学生人数远超过教师。每周都有学生企图在老师面前偷偷地开一会儿小差。点头和眨眼是他们的武器，还有咳嗽、吸鼻子和偷笑都会偶尔打破礼堂里的肃静。这就是经验丰富的资深教师的过人之处了。即使有 99% 的把握相信前排发出的那声干咳是想故意打破安静的气氛，1% 的迟疑也能让你放弃走过去训斥咳嗽学生的想法。这只是教师每天要做的千百次判断中的一次，但经验丰富的教师可以折中处理 —— 与那人对视，或者用一个眼神告诉他："我们都知道是你，如果你再挑战我，你知道后果的" —— 避免丢脸。我不太推荐没经验的教师采用，那就是如果任何学生有任何中断行为，就延长留堂时间 5 分钟以示惩罚。这是一种高风险战术。不管怎样，两名负责教师互相协调合作是至关重要的。留堂时有一条不成文的规矩，总有一名教师站在最前面的中央，注视着这一大群犯错者。另一名教师则要四处自由巡视，检查学生是否按正确规定抄写了句子。很多人都试图快速写完 8 页，有时他们的尝试令人印象深刻。学生可能会选一支很粗的笔，这样一句话可以填满两行；或者一手同时拿两支笔，如果握笔姿势和角度正确，就能一次写两行。我们逮到学生在留堂期间采用这种狡猾伎俩时，简直惊呆了。

由于战略领导小组成员的职业操守，学生总要待满两个小时。谁也不想被当成软柿子。实施有效的留堂是测试学校稳定性的一个好办法。学生在留堂时犯错是最打击教师士气、最破坏学校稳定的事情。这表示学生不理解留堂的目的，还将主管教师的权威撕成碎片。一定要让留堂像一种惩罚，这并不意味着需要采用压迫、报复的方式，而是要传递一种公平，弥补过错的感觉。我们要通过留堂提醒学生，在进入我们这个集体时，他们已经承诺遵守行为守则，而此时此刻，他们没能恪守他们的承诺。留堂是在请家长之前最后一次改过自新的机会。留堂，应该被看作一场必须通过的考试，而不是需要忍耐的考验。除了这样的全校性留堂，教师们也会各自留堂，我们每天还有作业留堂。留堂，或者其他任何处罚背后的指导原则是，必须即时采取惩罚，而且必须让学生明白他们受到惩罚的理由。有一句古老的教育警句是："重要的是惩罚的确定性，而不是严重性。"学生必须知道，如果迟到，他们当天就要被留堂。如果没有完成作业，他们的老师就会在接下来的几天让他们每天留堂。

对早晨迟到的学生，我们会在当天处以 1 小时留堂，对此有些读者也许会感到吃惊。"迟到"是指早晨 8 点半之后到校，哪怕只晚 1 秒。我知道这听起来很残酷，更别提我们还要面对欧洲最大城市的日常交通问题。采取处罚的原因是，我们要迫使学生保证早晨准时到校。我们告诉学生，在学校的每一分钟都是重要的，所以，如果我们没能在早晨处罚怠惰行为，实际上是背叛了自己的规则。只要处罚清晰、持续并且透明，学校执行严格的处罚并没有任何问题。各位读者，大部分学生的住所都可以步行抵达学校，所以别太依赖公共交通。

我要再次提醒各位读者，留堂只是应对违纪的一个方面；另一方面则是改正。每次教师处罚学生留堂，都要与其进行谈话，告诉学生他们被处罚的理由，告诉他们如何避免再犯。负责纪律的副校长一直都在关注留堂学生的名单，找出经常受罚的学生。然后，他会与这些学生所在的年级主管教师取得联系，通过学校辅导员的支持与建议，以及通知家长介入等方式帮助学生。从留堂学生名单的统计数据中可以看出，绝大部分被留堂的学生（2012年有 81%）都是男生，远远超出本校男生的 59%。我很高兴留堂名单中没有显示出其他特别的倾向，比如种族、家庭收入、特殊教育需求者等，但如此巨大的男生比例令我十分关注。除了留堂之外，还是必须在每一堂课上都强调高期望值。

2014 年 9 月，英国教育标准局的一项报告中特别强调了轻微违纪问题。轻微违纪包括学生上课迟到、查看手机、在课堂上聊天和忘记带指定的文具。这些违纪不容易引起注意，但累积起来就变得有害。不仅因为这些违纪占用了珍贵的课堂时间，破坏了教师在教学上的注意力，还因为教师不断提醒学生注意基本行为规范而分散了大量精力。报告显示，"许多教师不得不容忍部分轻微违纪成为每天课堂上的一部分"，而且"太多校长，尤其是中学校长低估了轻微违纪行为的易蔓延性和消极性"。另一项提醒是，校长必须适应教师们面临的日常挑战。作为校长，似乎不太关注行为规范 —— 教学、批改、数据和课程大纲都是更加值得关注的战略要素。但如果能消除轻微违纪这道背景墙上的不和谐裂纹，教师和校长每天在学校的努力将会更加有效。领导一所对轻微违纪习以为常的学校，就像拉着手刹开车一样，对新校长来说解决轻微违纪是第一要务。

长期性轻微违纪问题

如果说教育的噩梦不是差劲的教学，而是合格却沉闷的教学，那么对学生来说最糟的不是恶劣的行为，而是长期性轻微违纪。

一项令人清醒的现实是，教师才是课堂上的决定性因素。

教师决定了课堂基调，创造了课堂氛围。在学校教课，必须积极解决在全国范围内都顽固、恼人，甚至破坏学习行为的长期性轻微违纪。

解决长期性轻微违纪时，教师应从下列几点出发：

1. 是否已成为常态？

2. 是否有明确的座位表？

3. 是否与全班分享更高阶的学习目标？

4. 学习是否有明确的前后联系，例如学生是否清楚他们已经学了什么，将来要学什么？

5. 教师是否定期批改作业？

6. 期望值是否既高又合理？

7. 课程开始前是否举行过全体大会；学生如何了解自己已有的水平？

8. 如何考察学生在课堂上的学习情况？

9. 学习任务是否多变且吸引人？

10. 是否培养了学生的技能？

11. 学生是否了解自己的水平并懂得如何达成下一阶段目标？

12. 教师是否向全班展示优秀作业案例？

13. 学习环境是否对你的期望值有影响？

14. 教师是否热情友善，引导学生按期望行事？

或许更令人清醒的现实是，管理学生行为规范本质上是在改变某人的行为和策略。

即使做到了上面的每一条，违纪仍有可能继续发生。思考下面这些教师经常采用的命令句式：

为什么吃东西 / 说脏话 / 迟到 / 没戴领带？

它们很容易引起争辩，占用课堂时间。更有效的方式是描述当时的情况：例如"你迟到了，但我不想浪费全班的时间，下课后来找我。""课堂纪律中有尊重他人这一条；请认真听课。"

另一种策略是在学生头脑中植入一种画面，即当他们遵守纪律时，可能发生与现状不同的积极情形。例如"如果你准时抵达，会怎样呢？"这样，学生就会描述当他们遵守纪律时的积极情形。这就避免了对峙冲突。

出色的教师随时都在不自觉地执行上述做法。

教师指出学生错误后发生的二级违纪可能会比主要违纪的内容更糟糕，例如小声咒骂。这里要注意，确保处理初次违纪行为后，再在课后处理二级违纪行为。但一定要处理：始终要请来家长，跟进处理。

二级违纪行为通常是学生回应批评的方式问题。先认同，再回到原先的批评内容，例如"我讨厌这样""我很清楚你讨厌这样，现在坐下""这课太无聊了""也许就是这样，现在继续做你的课堂作业"。说出这些话时要冷静并保持威严：话越少，对峙冲突就越少。

重建、修复、培养和塑造都是出色教师的教育方式。要记住学生都是未完成的作品，你的帮助会让他们的人生大不一样。

只有在学生信任教师的基础上，处罚才会有效果。学生必须相信你是真心为他们好，你会长期公平地执行学校规定。最近，我接待了一批来自美国密歇根州的校长。我带他们参观校园时，遇到了一名戴帽子的学生 —— 显然，他违反了学校关于校服的规定。我伸手从那个孩子头上取下帽子，同行的一位客人立刻说，在美国他不可能就这么把帽子拿下来，学生和家长会投诉他们的权利被侵犯。关键在于，如果你已经建立了信任与尊重的文化，那么学生就明白他们必须按规矩行事。刚到伯灵顿·丹麦学院时，或许我不能那样直接地从学生头上取下帽子，你只有在获取学生信任之后才会获得这份自由。

提高家长的期望值

家长很重要。我们常常在学校谈论提高学生的自我期望值，但是我们多久才会去执行一下提高家长期望值这样的重大任务？在我看来，英国学校有一个十分严重的潜在问题，在市中心地区尤其严重：我们鼓励家长成为教育的消费者而不是参与者。

家长参与是提高学校成效的一大助力，它是如何作用的？

1. 最重要的一点是去了解他们的想法，例如：在家长会上进行问卷调查，调查结果是反映学校表现的有力指标。发表调查结果，如果有可能，给所有表示不满意的家长写信，解决他们的担忧。家长来接学生时在校门口接待 —— 保证经常露面，这样家长就会习惯。

2. 跟踪了解未能出席家长会的家长。

3. 给好学生的家长发"成功明信片"或类似的小卡片。

4. 经常给学生家里写信。教师应该经常和家长沟通，复印模范作业，表扬学生取得的成绩等。

5. 家长希望帮助子女更高效地学习；开展这方面讲座；询问家长他们需要怎样的帮助。

6. 校图书馆是我们的重要资源：在图书馆举行家长活动、阅读讲座等。部分学校图书馆允许家长借书，用这种方式促进家长参与。

7. 家长教师联合会应当被高度评价，由战略领导小组主导，需要合适的预算和年度战略方向。为共同目标努力 —— 例如，为学校生活的某个方面募捐，就是一场拥有共同目标的活动。

8. 如果某些族裔学生的在校人数可观，可以专门为这些学生的家长举行家长会，安排翻译等。

9. 涉及日期时要专业、准确，例如在学生行事表和你的网站上。针对雪天等情况准备清晰的应对预案，虽然情况罕见，若一旦发生，需要临时关闭学校。

10. 沟通，尽可能展示学生才华：校内戏剧、艺术作品、团体体育运动等。利用这类机会邀请家长来学校，这比因为那些消极理由请家长来要好得多。

11. 哪怕再忙也要接待来访家长：他们是特意抽空前来的。每次会面都要阐明，你和他们抱有共同的期望 —— 孩子成功。

12. 澄清数据：举行家长会，对数据进行说明。家长喜欢了解子女成绩和其他同龄人的差距，所以确保你能将所有数据和目前的全国成绩数据相比较。所以学生都必须清楚他们目前的水平和目标水平。我们举行"家长陪读"活动，这项活动能巩固学校对学生作业的期望值。

13. 针对一批难以联系到的家长，我们邀请他们与特殊教育需要辅导员和校长喝茶。例如，讨论阅读障碍或学习行为方面的问题。

14. 家庭作业是一项学校成绩指标，但常常被忽视，好像只要布置了作业就足够了。避免复杂烦琐的题目，布置丰富的可以在家中完成的任务，如需要独立学习的研究项目。展示优秀作业，确保及时批改作业。最近我们订购了"显示我的作业"服务，家长和学生可以通过学校网站上的链接查看他们的作业。

我们的纪律政策有一条基本原则，当学生违纪时，我们不会归咎于他们的个体性，或者用个性缺陷来解释他们的行为。我们会通过教给他们技巧来帮助他们改正违纪行为，将精力投入到更有价值的追求中去。《卫报》（The Guardian）曾报道："他们（英国囚犯）中，阅读、写字或数学水平不如 11 岁小孩的人数超过了四分之三。"足以见得，学校教育对个人行为的影响力。

40 多年的从业经验让我有足够的资格评论年轻人纪律的变化趋势。我对纪律不断变糟的说法持怀疑态度，我认为这是过分活跃的媒体和错误的怀旧思想造成的。对年轻人的感受，常常反映了下面这些观点：他们（年轻人）有崇高的理想，因为他们还没被生活教会谦卑，也不懂得生活的局限性；而且，他们乐观的性情使他们认为自己等同于伟大 —— 这就意味着拥有崇高的理想；他们总会宁可做高尚的事情也不做实用的事情；他们的生活更多地受到情感，而不是理智的控制 —— 他们所有的过错都是同样的类型，过度或过激。他们做任何事都会过分 —— 他们爱得过分，恨得过分，对其他任何事也都一样过分。

有些读者肯定猜到了，这段评论并非摘自现代报刊的评论版，而是亚里士多德说过的话，2 500 年前说的话。看来批判年青一代的事古来有之，而且批判者似乎是不理解年轻人而感到疏远和困惑的老人们 —— 这一问题在当前日新月异的社会中更为突出。证据对当今的年青一代更为有利，结论并不支持上一代。一则发表于 2013 年 1 月的《破坏行为发生率为何下降？》的 BBC 新闻显示，自 2007 年以来，英格兰和威尔士的破坏行为下降了 37%。同时，《经济学人》（The Economist）曾报道，2003—2010 年"11—15 岁青少年的醉酒比例下降了一半"。本书的关键是期望值的力量，作为社会来说，我们必须小心避免将我们的年轻人定位成被溺爱的、反社会的、嗑药的捣乱分子，特别是当证据显示结论正相反的时候。我记得 40 年前开始从教时，纪律问题是很严重的。现在的学校已经比当时更加系统化和结构化，能够更快地着手处理纪律问题。

总的来说，虽然今天的年轻人不见得比过去糟糕，我们仍必须承认时代发生了变化，今天的年轻人面临的挑战与过去有所不同。和过去相比，他们表现出来的不端行为也发生了变化。互联网是这些变化的核心。和所有新科技形式一样，我们必须承认，互联网只是一种和书籍一样的沟通媒介。值得铭记的是，在 15 世纪书籍刚刚出现时，某些政府、教会和学校对其是严格禁止的，他们害怕书籍会传播危险的思想。某些学校因为同样的理由禁止 YouTube，这让我感到奇怪，因为我们能在网站上找到既有用又吸引人的视频。禁书或批评互联网都在批评信息，却没有处理信息带来的问题。学生通过互联网接触不当信息的确令人担心。色情图片在日间电视是禁止的，在电影中也是禁止的，在新闻报刊书架上是被放在最顶层的，但在互联网上只需要几次点击就能找到。显然学校系统会屏蔽这些网站，但大多数学生在家也能上网，用手机也能上网，此时政府更应该站出来调控成人网站的访问途径。

除了成人内容泛滥之外，我认为现代科技带来的最大威胁在于，年轻人获得了互相发送信息的机会，并且通常以匿名为保护伞。我很确定，英国没有哪个学校没遇到过"网络霸凌"的问题。同样，我们不能将这个老问题归咎于互联网，但毫无疑问互联网和手机让年轻人更方便互相发信息了。即使那些沟通内容是无害的，即时信息仍然有过度使用的风险。许多学生承认整晚熬夜，用 WhatsApp 或其他即时通信服务与他们的朋友联系，我自己就是青少年的家长，十分清楚这方面监控的难度。简言之，对于今天的学生来说，除了看书，可做的事情简直太多了！我也要指出，手机能让学生联系到在校外的家人和朋友，在校内发生争执时向他们寻求帮助，这种行为在过去是不可能发生的。在我们严格管理校内使用手机的前提下，这种情况极少发生，但还是会发生。手机与手提电脑的普遍存在容易导致另一种现代现象：物质主义。我不是勒德主义者——我喜欢发推特，也常常使用 iPad——但作为教育者，我们有义务告诉年轻人，拥有最新潮的手机、运动鞋或手提电脑并不是生命的全部意义。当然流行零售行业更愿意向年轻人传递相反的观念，所以我们有属于我们的工作要做。我们的年轻人看似在一片富裕的土地上成长，但讽刺的是从目前的经济状况来看，未来我们的生活水平很难有所提高，甚至连维持现有的水平都很难。唯一清楚的是，由于势不可当的全球化趋势，非专业工人已经不能像过去一样找到收入丰厚的工作了。BBC

家庭版编辑马克·伊斯顿在他的博客中提到，回顾 1984 年英国国家统计署的劳动力市场数据，英国当时 44% 的岗位都是非技术或低技术工种，现在则约为 27%；1984 年知识型产业提供的岗位占 31%，如今这一数据接近45%。这种变化在发达国家普遍发生，于是教会学生应对竞争激烈的高级就业市场成了我们的重中之重。

学生就业需要的技能

美国大学与雇主协会于 2013 年进行的一项调查显示，尽管现代生活十分依赖 IT 技能，但团队合作、主动性、自控以及面对面的交流能力等传统品质仍是雇主最渴望看到的。学校有责任为学生提供机会展示他们的技能：体育活动、为图书馆工作、帮助当地小学、为老人举办茶会和舞会、举办学校游园会等。

这份雇主需要的品质列表十分有意思，我在校会上与学生们分享了这份列表。品质列表用的是真正的伯灵顿·丹麦学院风格，即按重要程度排序：

1. 团队合作能力；

2. 决策能力和解决问题的能力；

3. 计划、组织并安排工作优先级的能力；

4. 与组织内部或外部人员口头交流的能力；

5. 信息获取能力和信息处理能力；

6. 量化分析数据的能力；

7. 与岗位相关的技术知识；

8. 计算机软件程序熟悉程度；

9. 创建、编辑报告的能力；

10. 推销和影响他人的能力。

高期望值意味着一种信念，年轻人的现在或过去不能决定他们的未来。它意味着创建一种体制，跟踪学生的进展并在进展达不到要求时进行干预。

高期望值意味着建立一种文化，约束行为，遵守既定的规则并且在某些学生违反规则时实施惩戒。高期望值必须在第一天就建立起来并在今后的每一天里不断被强调。它们受到勇气的支撑：承担风险勇气、无论现实多么严峻都能直面的勇气；将校内的思想带到校外的勇气；与员工坦白对话、正面解决问题的勇气；保持警惕和坚忍，避免因为分心与自满偏离正道的勇气。

结语：宣布高期望值是最简单的一步；必须以支持全体学生的方式持续强化这份期望。

第三课 创建诚信、互助的职业文化

只要一名教师就够了 —— 只要一名教师，就能实现自我拯救。

优先考虑教师的人和优先考虑学生的人之间有粗略的区别。说它粗略，是因为站在校长的角度，只有拥有有才华、和谐、主动的教师团队才能让学生受益。所以本课将要探索的主题是校长该如何发展并保持积极的员工文化。每天我站在伯灵顿·丹麦学院的教师面前时都感到自豪。我环顾这些员工，思索这群优秀的人原本有可能在哪些岗位上绽放光芒。就从那些过去追求其他职业生涯的人说起吧。我们有一位科学教师，曾是一位善于发现人才的猎头；有一位历史教师是曾参加全国巡回赛的职业高尔夫球选手；有一位数学教师曾在广告业岗位上磨炼过沟通技能，另一位数学教师曾是善于观察细节的企业律师；有一位助理校长来自工程领域；还有一位地理教师曾领导过全球性探险活动。大学毕业就直接进入教育行业的人之中，我也发现有些人有成为电视主持人、政治家、网络设计师、律师和建筑师的潜力。优秀毕业生作出的职业选择一定程度上能反映出社会的健康程度，教育行业吸引了一部分最优秀的人才，这让我感到十分自豪。举例来说，"教育优先"是牛津和剑桥毕业生最大的雇主。

教育优先是基于如下理念建立的：（1）教师素质对学生成绩影响巨大；（2）顶级毕业生（学术水平高超的人）比学术水平平庸的人更有可能成为伟大的教师。第二点将稍后讨论，但第一点是毋庸置疑的。保罗·塔夫在《儿童是如何成功的》一书中指出，研究者认同教师素质在影响学生成功的所有因素中最重要"……教育改革者们大多在一个问题上具备共识：教师素质。多数改革倡导者都认同，太多教师表现欠佳，特别是高度贫困地区学校的教师，提高这些学校学生成绩的唯一途径就是改变聘用、培训、报酬和解雇教师的方式"。

后进学校的校长必须获得员工的信任，因为我们要向教师们索取太多东西。每天工作 12 小时很正常，大多数教师认为周末和假日工作并不奇怪。任命教师是校长最重要的工作之一，所以无论哪个岗位，我都坚持亲自面试所有候选人。一旦教师任命完毕，我的任务就是创造合适的环境帮助他们成功。我的职责是吸收各种压力，使其他人能够放松并将注意力集中到工作上。就像你回到家，面对家人时会想"现在我能放松了，我到家了"，我希望教师们在学校里有同样的感受。我把学校当作家，我是它的守护者。所以我守护教师，为他们的进步感到骄傲。我鼓励开诚布公地对话，我要成为所有人在日常浮沉之中的定海神针。它的标志就是我的开门政策。我很乐意教师来见我，和我讨论他们遇到的任何问题。当然校长不能和他/她的员工太过亲密了。关于领导者应该被喜爱、尊敬还是畏惧这个问题，显然不足以反映领导力的复杂性，但这 3 项因素都会起作用。被喜爱不是必需的，但有帮助，尤其是在我们已在此建立的温暖、如家般的环境下。得不到下属尊敬的领导者难以高效地领导团队，稍微被下属畏惧并非坏事，尽管这不是我在积极培养的一个性格侧面。

校长的基本职责就是领导教师团队。对教师来说，课堂上吸引学生的方式并不固定，同样，对校长来说，吸引员工的方式也不是固定的，关键在于如何发现自己的长处，然后发挥它们的全部价值。自信是我的长处之一：我自信了解帮助学校走向成功的方法。因此，我与员工分享这份自信，让他们找到自己在学校奔向成功的过程中应当扮演的角色。当问题出现时，我负责团结大家。当形势大好时，我不遗余力地赞扬大家。我记得杜鲁门总统曾说过："若能不计较功劳归属于谁，你将会获得惊人的成就。"

借用《从优秀走向卓越》一书作者吉姆·柯林斯的话，人力资源工作者的头号挑战显然是如何在一开始就选对人。我在面试候选雇员时，会关注其人际交往能力、胜利式的笑容以及专业热情，寻找研究过我们学校、了解我们学校的人。在学校，人际关系至关重要，我渴望发现有能力建立积极稳固的人际关系的候选人。在面试过程中，我总是先问候选人他们为何前来应聘，他们会为学校带来什么贡献。我问他们怎样才算一名优秀的教师，我渴望听听他们工作之余都会做些什么。我也必须承认，我会注意候选人走进房间的步伐以及他们的穿着。我知道这听起来很肤浅，但如果对方真心想要这份工作，用心为面试做了准备，那么就会在他走向你并与你握手的方式上体现出来。偏爱某一类型的人当然也会带来风险，得小心防范。我会在评估不同候选人的优势时始终考虑学生，思考学生会最喜欢哪位候选人。出于招聘优秀教师的渴望，我的招聘流程是出了名的灵活。例如，两年前，我们有一个历史教师空缺，但两位候选人都很出色，于是我两个人都要了，"多余"的那位，现在已经是十分优秀的年级组长和任课教师了。新雇员的成功令人兴奋，尤其是当你曾给予他们机会的时候。

现在让我们暂停一下，来谈谈智力因素在教师素质中的重要性。我在前文提过，教育优先一直都在寻找以二等一级或以上分数取得学位的人，或在英国大学及院校招生（UCAS）考试中取得 300 分以上的人，因为他们坚持认为教师学识有助于教学。很明显，任何岗位，在其他方面水平近似的情况下，你都会更愿意雇佣高分候选人而不是分数普通的人。学校的大部分教师智力水平都很高，这是一项有利的信息，能提醒学生他们的老师自己的学业十分成功，并且他们主动选择教育这份职业而没有去追求其他体面的职业。虽然这个词并不是专门用来形容人的知识水平的，但我更希望我的教师们做到"机灵"而不是"博学多才"，因为我认为"机灵"这个词同时包含了敏锐、专注和有活力的意思。寻找新教师时提高标准很重要，但我也不想将那些以二等一级以下的分数取得学位的人完全排除在外。这些没拿到二等一级分数或者在普通教育高级程度证书考试中未能取得全 A 分数的人，或许在自己受教育的过程中遭遇过各种挣扎，这些挣扎的过程反而会变成激励他们走上讲台的动力。而且，在学校生活中经历过困难的人或许更懂得如何帮助那些在类似处境中挣扎的学生。像伯灵顿·丹麦学院这样接收 11—18 岁学生的综合性学校，有足够空间容纳各种不同水平的教师并将他们匹配到合适的班级。有的教师带七年级的差班就能取得成功，而有的教师更擅长带第六学级的学生。我见过太多牛津或剑桥的毕业生在中心城区学校的课堂上遭遇重重困难，这提醒我在看简历时不要过分在意"教育经历"。

当然，招聘不是一门精确科学，至少招聘教师不是，在面试时试讲一堂课和每天管理完整的班级日程表根本不是一回事。在市区学校，教师面临的挑战更加艰巨，市区学校节奏快，要求高，当我任命一些不适应高强度城市教育的人时，结果显而易见。几乎每年都会有一两名教师难以达到要求，我们会迅速提供支持，找出解决方案。学科组长负责提供支持，如果教师还在实习期，负责实习教师的助理校长也会提供支持。支持内容包括协助备课、制定全班或学生个人规划、频繁造访有问题的班级。我甚至还曾带着资料坐在教室最后一排，协助一名新教师度过初始阶段。更多的时候，问题主要是新教师需要掌控班级。我在前文提过，我们的学生并不是个个都规矩。5 年过去了，当学生企图测试新教师的底线时，依然会令我感到焦躁。如果我，或其他高层成员干预得太多，就会有损新教师的权威，学生会继续小心翼翼地审视新教师。但如果我们什么也不做，过不了多久，班级文化就会趋于颓废、冷漠、分裂 —— 一种新教师很难挽回的状态。因此，我们密切注意新入职者，有时我们也不得不采用方舟系统的 6 个月实习期，方便我们在 6 个月内与教师切断联系，甚至不用等到 6 个月后。

监督新员工融入学校的过程让我想起了一个野生动物节目，节目里一群黑猩猩要收留了来自另一群体的一只迷路的黑猩猩。野生动物专家为新成员的加入做了大量准备，让双方互相熟悉各自的气味，但最终专家们还是要放手，让黑猩猩们自己去接受新成员，就像我希望学生接受他们的新教师一样。当然老员工的推荐，以及前文叙述的面试和招聘流程也会减少招聘教师过程中的运气成分。基本上，我会信任其他校长写来的推荐信 —— 校长之间存在深厚的专业信用。当我们需要参考推荐时，会通过打分衡量教学组长对教师各方面能力的评价。我发现打分式提问得到的答案比填空式提问更加可靠，因为人们常常会在填空处留下空白。我们的问题中有一题是，目前的校长会不会愿意继续聘用候选人。看起来我对聘用合适的教师相当执着，或许我该控制一下自己，因为对有些学生来说相当普通的教师，可能会改变另一些学生的人生。大多数人只需要1—2个关系密切的教师，就能丰富自己的生活，丹尼尔·佩纳克在《学校之郁》中精准地抓住了这一点："只要一名教师就够了 —— 只要一名教师，就能忘却所有其他人，实现自我拯救。"

在后进学校，需要投入大量精力工作，所以在我对新员工的要求中，主动性和坚韧性所占的比重都很高（这两方面当然都很难在面试中衡量）。主动性很有趣。站在教师的角度，这是学生最难培养的个性之一，员工也是一样。教师要先表现出足够的主动性，然后我们会为他们的主动性提供用武之地。我在面试时会坦诚地告诉教师就职于一所复杂的市区学校需要面临的挑战，很幸运我们学校已经以严格与高期望值闻名，来应聘的人早已心中有数。也就是说，作为校长的我们，可以去培养教师的主动性。我不断提醒教师的重要性以及他们对学生人生的重大影响力。人们公认为教师能改变学生命运，但事实是，学生很少告诉教师他们从教师那里获得的影响（因为学生自己或许要到很多年以后才会感恩这份影响）。因此，教师很容易忘记他们的最终目标，这也是为什么我频繁地提醒他们，坚持提供优质教学就能改变学生们的人生机遇。我也会向教师们示好，批准婚假、丧假和必要的事假。我尽力在与同事的日常交往中表现得快乐积极，让他们感到在这里工作很愉快。在繁忙校园里上演的各式各样的人类情感之中，微笑的力量是惊人的。

在个人层面，我本人的主动性自从第一天踏进教室以来，一直延续了近40年。我热爱在生机勃勃的校园里工作。我享受集体的感觉，珍视将学校团结起来的人际关系。我喜欢与学生、教师以及我的高层团队在一起；我的新点子和新建议源源不断，哪怕是只让考试成绩上升一个百分点的小点子、小建议。我常常晚上在家准备待办事项列表，这样第二天早上到学校时就能精神百倍地与同事见面，分享我的新想法了。校长的身份显然让我有自由创造并实施新举措的权利，然而教学的乐趣之一本就是创新的自由，每个教师都有这样的自由。丹尼尔·平克在他2009年的作品《驱动力》（*Drive*）中曾质疑奖励教师业绩的影响。但与平克不同，我认为针对教学进行奖励是有用的，我还曾公开表示过我支持按业绩加薪而不是每年循例加薪。我认为如果有效实施按业绩加薪，能提高教师的主动性。当然也有风险，这种制度会让教师只关注有限的部分成果，但若业绩评价的手段足够健全，足够多样化，例如纳入听课结果、考试成绩和对学校整体的贡献，我想我们能够确保合理分配奖励。最近几十年，教师的收入显著提高，恢复了教师的职业地位。要进一步提高教师地位，我会提高新教师的起薪，这一手段配合逐步取消年度循例涨薪制度就可以做到成本不变。

第一次访问伯灵顿·丹麦学院时，有一件事令我费解，这里竟然没有员工活动室。当教师们没有能够聚在一起的活动空间时，也难怪他们的精神如此崩溃。在我过去工作的学校，员工活动室是教师团队的枢纽，是他们辛苦一天积累了大量压力后，笑声、茶点和支持的汇聚之处。于是我征用了最大的一间教室，将它作为我们的员工活动室，并按常规配备沙发、咖啡机和个人信箱。早晨学生到校之前，我们会聚在员工活动室，提前交流当天的通知。每天的员工简报会已经成为我最喜爱的日常环节：100 名机灵、坚定的教师聚在一起进行每日团契。我们从一小段反思开始，由不同的教师轮流主持 —— 在进入通知和公告环节之前。

反思的开头很简单，但会上的竞争日渐激烈。一位大胆的年轻教师在她担任主持时请 100 位同事四脚着地，做瑜伽拉伸动作。一开始这令某些同事感到难堪，可 4 年后，我们建起了每周员工瑜伽俱乐部。此外，其他教师也曾利用他们主持的反思时间分享个人经历。有人谈起过他们的亲人过世、结婚或对抗自己内心邪念的经历。一开始提出做反思环节时，我从未想过它会变得这样刺激（有位教师说，主持反思环节是他做过的最吓人的事了），甚至在早晨 8:15，人人都已箭在弦上的这个时间进行反思，时间显得不那么充分。诚然，听同事念一段小诗或分享课堂上的温馨小故事能叫人放松心情。但随着时间的推移，这些反思在同事之间建立了深厚的信任感，而且每天通过这个机会和教师们保持联系，已经成为我领导学校的重要途径：我们相聚在一起彼此分享力量，然后精神百倍、胸有成竹地分散到各自的岗位上。

大雁的故事

这是过去 5 年来我最喜欢的简报会反思内容之一。我记得是科学教师斯坦格女士分享的这个故事。作者不详。

明年秋天,当你看见大雁排成"人"字形飞往南方过冬时,或许会想知道,它们为什么要这样飞行。科学研究发现,当每只大雁拍打翅膀时,会对紧随其后的那只大雁产生上升力。通过排成"人"字形飞行,整群大雁能够比单独飞行时多飞 70% 的距离。

和大雁一样,当人拥有集体意识,与集体目标一致时,会比他们单独行动时走得更远、更轻松,因为他们依托他人的信任前行。

每当有大雁掉队时,它会立刻感觉到单独飞行所遇到的阻力。它会尽快设法归队,去利用前排大雁为它提供的上升力。如果我们能像大雁一样,我们就会与那些目标一致的同路人保持队形。

当领头雁感到疲惫时,它会回到两翼,由另一只大雁接替带队任务 —— 轮流做困难的工作是会有所回报的!

每当有一群大雁从你头顶飞过时,你就能听见排在后面的大雁不断鸣叫。它们这样做能鼓舞前排的大雁保持飞行速度 —— 鼓励的话语能帮助你走得更远!

最后,当有大雁由于患病或被猎枪打伤而掉队时,会有其他两只大雁跟它一起停下来,陪伴并保护它,直到它恢复飞行能力或死亡。

然后它们会自己上路,或跟着另一队大雁赶上自己的雁群。如果我们能和大雁一样,我们就会守望相助。简单,完美。

要是我们的员工简报会听起来有点过分情绪化,那就有必要承认,城区学校是一座紧张激烈的人际交往中心。任何一天里,一所容纳 1 000 名师生的学校都会发生几百万人次的交流:学生与学生之间、教师与学生之间、教师与教师之间。考虑到互动的频繁程度,我鼓励教师们做自己,释放个性,带着感情去交流,而不是采用一种冷淡的、审慎的交流方式。在员工活动中心里,员工简报会上的反思环节为教师们提供了展示自我的机会,我希望看到他们带着会上的坦诚与热情走进教室。日常交流中所包含的坦诚与谦逊也滋养了教师之间的信任。我们常常谈论课堂上的信任与畏惧，优秀的教师会用前者代替后者。在员工活动室里同样如此，校长要解决的困难是消除畏惧感，创造同事之间互相信任的风气。

员工简报会上的欢喜与眼泪让我想起我们作为一个团队所走过的道路。是的，学生成绩不佳，是的，学生纪律糟糕，更要命的是，伯灵顿·丹麦学院是个令人绝望伤感的地方。孩子们生气、易怒、不尊重权威却在极力争取被尊重。教师们饱受困扰、士气低落而且怀疑丛生。这是一个功能失调的组织。教师生病的情况很普遍 —— 在我到任之前的一年，学校在补贴教师一项上的花费超过 15 万英镑。因此，没有什么能比一间快乐、充满活力的员工活动室更令我感到骄傲了。作为校长，你永远都在观察员工的士气，就像医生检查病人的脉搏一样。战略领导小组花了大量时间讨论员工情绪，这需要相当小心仔细。我相信教师们希望努力工作，也愿意额外多做一点，但在一所处境艰难的学校执教是相当耗费精力的，随时有心力交瘁的风险。一般每天我会多次横穿宽广的校园，将拖拉的学生带回课堂，有时会为请假的同事代课，或是帮助新教师建立日常流程。出现在众人面前不是什么特别的策略，但对校长来说很重要，战略领导小组很好地协助我巡视校园。战略领导小组有一个"漫步轮值表"，每周分成 35 个时段，大家轮流巡视校园。漫步这个词给人漫无目的地在校园随意行走的印象，但实际上我们有固定的路线，沿途会经过每一间教室，如果有必要还会在比较不安分的班级门口逗留片刻。这是确保高层领导对任课教师的支持可见的好方法。教师的日程排得满满当当，他们面临的挑战很容易被遗忘，尤其对高层领导来说最讽刺的工作之一就是请手下最优秀的教师们抛开教学去关心"管理"。这会让他们在一天 6 个时段高强度、高压力的工作之下变得麻木，会在教师和高层领导之间产生破坏性的异见。

与我合作的高层领导中，有些人认为他们肩负着巨大的责任，就意味着他们在学校做着最有难度的工作。我不同意。你在学校组织架构中爬得越高，就越能自由掌控自己的时间，对青少年心理的同理心也就越弱，难以理解学生那种听到别人随口说的一句话所造成的感受。我记得有一次,我正和高层团队一起讨论第二天的计划。我们会在 6:30 去参加学校音乐会,一名团队成员大声问道,我们该怎么打发放学之后到音乐会开始之前这段"冗余时间"。他的话很快就被其他人的声音淹没了,他们指出平常他们都会在学校工作到晚上 7 点、8 点,甚至 9 点,这也是任课教师的常规工作时间。所以高层领导保持了解基层任课教师的日常工作很重要。曾担任英语老师的我想起莎士比亚的《亨利五世》(Henry V),年轻的国王在阿金库尔战役前夜化装成普通士兵,想要调查他那支疲惫的部队的士气和担忧;乐购高管每年会花一周时间下车间;我们则每天巡视校园,走访班级,有时甚至每个小时都去。

一旦任命了正确的员工,他们就在学校里找到了他们的正确位置,难的是如何通过为教师提供个人发展机会来帮助他们成功。我在前文提过,我要找主动性强的教师,而这样的教师更愿意自我提高。所以,经常有教师向我介绍令他们受到鼓舞的书籍,或他们想要引入的新举措。我们也会尽量为教师提供自我提高的时间。所以在专业发展日我们会给教师充分的自由时间定标、制订计划与相互合作。但任何组织都不能对员工的自我提高需求袖手旁观,我们有不少办法保证积极培养教师的才能。记得我还在佩卡姆当英语教师的时候,曾去维多利亚车站附近的伊波里街参加职业发展活动。当时负责员工培训的是内伦敦教育局,活动内容则是英语教师的基本培训。有一次,我和其他来自伦敦各地的新手英语教师被要求在几分钟之内写一首小诗,然后在我们这群互不相识的人面前大声朗读,由听众来品评诗作。我明显感到向素不相识的人朗读诗作让我很不自在,这让我意识到,我们常常在课堂上让学生做同样的事,于是我回去后适当调整了课堂活动。培训日应当提供更多、更积极的课程,根据我个人参加外部培训的经验,我们从伯灵顿·丹麦学院内部挖掘人才,请我们自己的教师带领同事进行专业发展日活动。

通常我们将每学年 6 个半学期的第一天定为专业发展日,在专业发展日上,教师会先培训他们的同事,然后再进入用来备课和打分的自由时间。

这段内容是我在 2014 年 1 月圣诞节假期的最后一天里写下的。第二天我们就要返校，教师将从下列活动中任选一项，活动均由我们自己学校的教师领导：扩展写作、第六学级课堂引入独立学习、关键阶段 3 合作学习，学生跟踪数据库的使用、分类数据分析和部门凝聚力发展。果不其然，本书提及的所有成功案例，如自信指导、文氏图、边际收益总和，以及大量未在此提及的案例，即使来源于外部课程或资源，也都在内部广受好评。建立第六学级的过程，揭示了用教师花时间自我提高的方式代替参加昂贵课程的重要性。近年来英国学生考分提高的一项原因是互联网为教师（和学生）提供了丰富的资料。教师在准备普通教育高级程度证书的历史课程时，能接触过去 5年的试卷，包括评分标准和考官报告，报告包含考试委员会针对学生在每道试题的表现给出的反馈意见。精明的教师会制作一份笔记，记录教学大纲中每个考点最近的所有试题，然后很快将这些试题加入讲课内容，准备好全年课程的难点和重点。现在与我刚从教那会儿早已大不相同，那时教师还对考试委员会的努力不屑一顾。

我们的专业发展日为不同部门、不同年级的教师提供了珍贵的机会，让他们能够共同提高执教水平。近年来，我们请战略领导小组成员为其他教师准备示范课。这项活动中，一名高层领导在一小群教师组成的迷你班级里讲课，由另一名高层领导根据听课结果给予反馈。这样做能强化我们所希望的教师之间的透明度，打破教师与学校高层领导之间的隔阂。我是领导团队中唯一一个非任课教师（但我经常在人手短缺时帮忙代课），领导保持住优秀的教学实践能力很重要。

学科知识的重要性很容易被低估，根据我的经验，处境困难的学校有时会认为在课堂教学中，通用教育技巧比学科知识更有用。当然，在学校职业发展项目中，你会更常看到关于文学、提问、评估或纪律管理这样的内容，而不是与学科相关的内容。教师将不得不设法自我提高，不仅要提高自己的学科知识，还要对学生在某些学科上面临的困难加深认识。学校应当给予各部门更多时间发展自己团队的专业能力，校长也应当探索各种方法，鼓励教师磨砺自己的学科知识，有时可以举行"专家简报"：午休时间由教师主持，向所有师生开放的讲座。

我们的职业发展项目致力于保证教与学在学校占据核心地位。我希望能听到教师在下楼梯时谈起他们刚刚上过一节精彩的课，也希望看到教师在员工活动室喝咖啡时分享他们的资源和想法。学生带进学校的社交问题很容易分散我们的注意力，有时我们觉得自己不像教师，而更像是社工、辅导员或警察。因此，有一点很重要，学校文化要将教师的注意力引回教育工作上。同样，每个学生都应该明白如何提高每一门学科，我希望教师通过尝试新方法和分享好想法取得持续进步。互联网上有许多精彩的教育博客和网络资源能帮到任课教师，我们的副校长每周会通过电子邮件发送最佳网络资源和博客文章列表，让我们的员工紧跟整个行业发展的脚步。

我们的员工发展项目还有一项重要活动，每周二的员工简报会上开展的教学反思。与普通的反思活动不同，在这项活动中会由一名教师与大家分享教育"金点子"。教师可以主动要求主持，或者由我们邀请最有经验、最专业的教师来主持。我最喜欢的一次教学反思活动是由助理校长克里斯·费尔贝恩主持的那一次。克里斯是位有魅力的数学教师（有一次他让他教的十年级学生提前一年参加中等教育证书考试，共有 29 名学生取得 A 或 A+），那一次他在教学反思活动上强调了让学生了解考试标准的重要性，衡量他们水平的正是这些标准。他让所有教师在 30 秒内画出一座房子，告诉他们评判标准是图画的质量。然后，诸如烟囱、窗户、窗帘、前门上门把手之类的细节获得了他的加分。有一两位特别踊跃的教师在画作上画出了这些细节，这些加分令他们欢喜万分，而剩下的人却感到沮丧，因为我们事先并不清楚哪些项目会被加分（当时我也不知道，但我知道当 2012 年中等教育考试英语评级分数线发生变更时，我曾经历过类似的被欺骗的感觉）。费尔贝恩先生要表达的显然是，评分之前若不告知学生评分标准会滋生沮丧和失落感，学生应该和他们的教师一样熟悉评分标准和考试目的。那是难忘的一课，它证明了安排每周一次教学反思的价值。

我们投资员工发展的另一条重要途径是，资助教师取得伦敦国王学院教育管理学硕士学位。我是在圣心学校工作期间取得教育学硕士学位的，教育学研究生课程能帮助我们提升大局观。如果我们想拥有既有能力又有主动性的员工，就要为他们提供学习硕士课程的机会。我们很难在学校的日常工作中找出硕士学位的应用实例 —— 归根到底，硕士课程的主要作用是激发批判性辩论而不是提供实战技巧 —— 为学校工作一段时间后，教师希望通过探讨教育界关心的重大问题来拓展他们的知识是一件自然而又健康的事。

在讨论培养教师团队的章节，不得不提一下教师缺勤的问题。大多数学校完全没有受到最近诸如弹性工作制或远程工作制之类的职场变革的影响。我们要求教师出现在教室里掌控课堂，当疾病、育儿问题、地铁罢工和锅炉故障导致教师无法到校时就会产生严重的问题。2008 年我刚上任时，员工缺勤是一项严重的问题。在某个冬季学期，曾有 20 多名教师请了病假，学校靠代课教师运作。代课教师确实起到了一定的作用 —— 我上任后见过一些不错的代课教师，后来我将他们聘为全职教师 —— 但问题是他们与学校没有任何人事关系，而且学校几乎不发放津贴，无法确保他们的教学质量。对校长来说，最糟的就是看到代课教师拼命寻找他们被指派去上课的班级，却只看到一群年轻学生欢呼雀跃，因为接下来的一小时不必再遵守平时他们的教师竭尽全力建立的规矩。结果，这位代课教师常常会在代课结束后留下一串违纪学生名单，由于部门领导和年级组长不清楚代课教师是否公平一贯地执行了学校规定，惩戒违纪学生变成了一项不可能的任务。

于是，我来到伯灵顿·丹麦学院的第一学期就决定不再使用代课教师。当时，学院每年要花费 15 万英镑照顾缺勤员工。打电话请病假太容易了，因为有一部"请假专线电话"供教师留言。我向全体员工解释了请人为缺勤员工代课对学院和学生造成的坏影响。如果我们互相代课，对我们大家都有好处。如果代课负担实在太重，我说，战略领导小组会在大礼堂给学生上大课。我具体指定高级副校长迈克尔来领导第一学期的代课制度。员工必须在早晨 6:30—7:00 之间打电话，并且必须通话，不许留言。不允许员工家长、配偶或朋友代为致电。或许更重要的是，新制度让员工之间互相产生了善意，由于同事要在他们的休息时间帮忙代课，教师在某些情况下过去或许会打电话请病假，而现在他们会尽量亲自来学校。频繁缺勤的员工，特别是常常在奇怪的日子缺勤的员工，会被要求参加缺勤审查会议，这是我们新起草的缺勤规章的一部分。几周内，出勤率便大大提高。现在，代课需求主要产生在出差、旅行或员工培训时。迈克尔办公室里的请假专线被切断了，因为现在只有代理商会为了联络工作打电话进来。

站在工会的角度，他们担心采用全职教师代课会造成棘手的问题。我们保证教师每周最多代课一次，这样可以分散负担，而战略领导小组是代课最多的。绝大多数教师欣然接受，因为他们了解，维持学校稳定有序能让所有人都受益。对我来说，这是证明工会在争论中会支持错误方的绝佳案例。工会激烈反对采用全职员工代课，但他们在这样做的同时放弃了学校的稳定性，将教师权益置于学生的需求之上，反而背离了多数教师主动选择教育工作时为社会服务的目的。我感到很幸运最近工业界的运动没有影响伯灵顿·丹麦学院，我们的教师并没有工会的好斗属性。除了让全职教师代课，我还聘请了两位代课主管，负责管理缺勤教师的班级。我很自豪自从那个学期以来的 6 年，再没有一名代课教师踏进伯灵顿·丹麦学院的大门。

降低员工缺勤率

当我刚到伯灵顿·丹麦学院时，缺勤问题很严重。每年学校在代课教师一项上的花费超过 15 万英镑。实际代价远不止于此，教师士气低落、班级混乱、教学的质量和延续性不佳、"自修课"一词经常回荡在校园里。解决这一问题需要同时采取短期和长期手段。

短期策略：

• 取消所有代课教师 —— 代课教师中也有好教师，但他们中的大多数人在本校没有多少投入。要求各部门内部在第一时间互相代课。指定你自己的高级教学助理代管班级：确保他们擅长纪律管理并且和学生关系良好。

• 重新制定发布员工规章。例如，每年超过 10 天病假应建议职业健康审查。

• 同时，发布代课规章：员工必须明确代课的指导方针和内容。有高层同事专接病假电话。发短信或留言太容易了，我坚持请假人必须与高级副校长通话，私下解释原因。这一条立即削减了缺勤率。

• 与缺勤员工举行跟踪会谈。这需要花点时间，但很有用。观察缺勤规律（例如周一和周五），直截了当地询问。坦白、诚实是与员工相处的关键。阐明缺勤造成的后果和缺勤对学生的影响。

• 让战略领导小组代课，利用代课的机会全面检查缺勤员工的工作手册、教室和展示品。

长期策略：

• 有趣的是，我在年末奖励了 100% 出勤的员工 —— 不过是一瓶红酒或购书券之类；

• 向学校董事报告员工缺勤；

• 减少白天的持续专业发展（CPD）活动，如果不得不举行，尽量由受影响的部门自行安排内部人员代课；

• 有合理理由，支持需要休婚假 / 家庭活动假的员工 —— 少许慷慨能让人走得更远！

接下来的观点或许会引起争议，我对工人运动的看法是，我们是一个不罢工的职业，就像警察一样。我们必须在绝对不让学生白等一天的前提下表达我们对政府政策的抗议。这几年我见过许多工会代表，我总是这样向他们施压 ——"你当然不想捍卫糟糕的做法！"我们必须始终以学生的利益为重。

少许奖励与福利有助于提升教师情绪。我们很难与谷歌相提并论，他们为员工提供免费按摩和无限量食物，我们每段休息时间都会在员工活动室提供茶和咖啡，让教师们有机会喘口气，与同事相伴。每周五，茶点车上会添上蛋糕和饼干 —— 是一位副校长在上班路上买来的。我们还会定期举行集体活动。校管会主席芬克勋爵在圣诞聚会这件事上相当慷慨，每学期结束时我们都会为员工举行种种社交活动，比如聚餐。这项传统始于 2008 年我入职后的第一个夏季学期，那次我们先去了伦敦眼，然后晚上在中国城的一家餐馆用餐。我们带上了所有人 —— 午休督查、维修工人、文员团队 ——

我们在那次活动中再次强化了一项信息，那就是我十分感激员工们每天做出的令人难以置信的努力。我们还每年举行一次员工有奖问答，赢的总是战略领导小组（也许是因为只有这支队伍平均年龄超过 30 岁）。虽然这些小小的福利和他们每周付出的辛勤汗水相比不值一提，但我希望通过这些福利传达我对他们努力工作的感激之情。

员工反思、圣诞晚会和每学期奖励形成的总体影响是，学校生活变得丰富多彩起来，大家产生了共同目标并团结在一起。我听一些校长说过，他们的任务是帮助年轻人建立渴望超越自我的人生目标。我认为人在自我满足之余追求更加高远的目标是在满足人类的深层需求。作为校长，我很高兴有机会站在大家的共同目标背后激励和推动大家。本章讨论的种种仪式型活动加强了集体精神，它们与校园的共同经历交织在一起，是员工所喜爱的校园共同经历，也成了员工愿意留在学校共事的理由之一。

我在整个职业生涯过程中，一直都注意到，保持团队平衡而非完全依靠明星人物构成团队的重要性。如果团队能力无法超过个体能力单独相加的总和，人们是不会长久地留在学校里工作的。团队合作大师梅雷迪思·贝尔宾这样形容这种情况："团队的课题是平衡。团队中需要的不是能力平衡的个人，而是能与他人相互平衡的人。"确保平衡最可靠的方法是聘用优先考虑团队的人。我的高层团队尤其如是，团队成员抛却自我至关重要。如果人人奋力维护自己的势力范围和项目，而不具备大局观便会惹人厌烦。从领导者的角度来看，要能够自在地任命或提拔在某些领域比自己更有才华的人。如果领导者不清楚自己的能力，或许就会害怕手下都是能干的副手，但自信的领导者必须有能力掌控和处置团队中所有的才能。如果你不能在高层团队中建立权威，那么人人都乐意暴露你的这项弱点。

我的办公室大门敞开，这象征着我希望在伯灵顿·丹麦学院建立的开放、直接、温暖、严谨的职场文化。在最近一次员工问卷调查中，超过三分之二的人在回答工作中最棒的事时，填写了他们的教师同事，评论了整个团队的才华、奉献精神和相互支持。校长必须靠他 / 她的教师来影响学生的人生，因此我吸引有能力的教师进入伯灵顿·丹麦学院，并且通过培养积极

的、认可、赞美并奖励努力的职场文化来留住他们，培养他们。没有什么比拥有共同外部目标更能激励一个组织了，对我们来说，将我们团结在一起的是一种渴望，即影响我们所服务的学生的人生。教师人人都能有所贡献的每日员工简报，偶尔举行的员工外出活动，都是为了增强这份珍贵的"精神"。我已经说过，在后进学校工作的强度很高，我时刻观察教师的士气，并适当调整期限与要求。吉姆·柯林斯对最大限度减轻员工官僚负担提出过很好的建议，他建议组织应当培养纪律而不是培养官僚做法："大多数公司为了管理一小部分不称职的人建立官僚式规定，这会导致需要用更多官僚式做法弥补不称职和缺乏纪律造成的影响，然后进一步导致称职的人离开等后果。"柯林斯接着打了个比方，一名航空公司飞行员会在严格体制下同时享有自由与责任，这和我们想为员工们提供的体制与自由之间的平衡是一致的。但坦白讲，要达到纪律和自由间的平衡，并努力保证我们严格却不严酷是一项持续性的挑战。我说过，每年第一学期，我们都会流失 1—2 名新教师，通常是因为他们难以适应学校的压力和日常工作。对于我们是否在教学自由和责任感之间保持了良好的平衡，我相信我们的教师自有公论。我可以坦白地说，我能清楚地感觉到员工身上的压力并且刻意避免一些美国城区学校面临的境况，在那些地区，20 多岁精力充沛、干劲十足的年轻人只工作 10 来年，在 30 多岁时，为追求稳定的家庭生活而离开教师岗位，或跳槽至更加轻松舒服的学校。教育工作需要消耗大量精力，让教师拥有丰富充实的业余生活，为重新回到充满挑战的课堂恢复精力十分重要。

我们终归会遇到需要请某些教师离职的时候，以我的经验来看，校长成功让不称职的教师离职比他们想象的更容易，只要你有足够的勇气。先谈话，说明你对某位同事最近的工作质量不满意。一般我会概述我们已经提供的支持，然后说明我希望如何继续进展，通常我会随后建议那位教师，考虑他的自身利益，最好另寻工作。

要求同事离职是校长面临的最大难题之一。没有人喜欢被批评，被批评对职场中人来说和被老板要求走人一样糟糕。随着时间的推移，这种对话对我来说变得容易一些了，因为我对学生需求的感受更深了。我比过去任何时候都热衷于让能干、敬业的教师执教每一堂课，所以，我在对话中用关注孩子们学习成果的办法，传达我的意思。我也发现，在初次谈话后，必须再给出问题的教师一次与你面谈的机会，有时第二次谈话会令你震惊。我常常发现，第一次会面时教师看似接受决定，到了第二天却会产生不同的想法。有时你当然也可以把人调到学校的其他岗位上，比如担任学科组长带领团队有困难的人，也许更适合协调课后俱乐部的工作。

解雇不称职教师的过程有充分的理由，但又存在争议。有时我们会忘记，公平对教师和对学生来说同样重要。我相信——至少我个人相信——教师希望我们能处理同事的任何不良行为。教师和学生一样需要区别对待——如果一小部分不称职的教师混在其他人中间，那么对全体教师给予同等称赞便没有任何意义。校长对教师的赞赏必须是真实的，与之相对，他们必须处理教师的不称职表现，不能姑息。

我必须简单谈一下由于建议问题教师去别处谋职，而不对其采取正式的能力问题处理程序可能导致的风险，他们的不称职可能会被带去其他学校。我内在的竞争性会让我优先考虑自己的学校，但我的职业道德让我不愿将不称职的人留在教师行业里。此处有两点值得一提。首先，如果我通知教师，我考虑对其采取能力问题处理程序，那么他们很可能就会选择去其他地方任职。其次，就像我之前提过的，在城区学校工作要面临独特的挑战，我们有理由希望有些教师能在挑战性较低的学校有更好的表现。

困难的对话

校长总会遇到需要挑战员工表现的情况，下面是一些建议：

- 直接，公开，坦诚——有句老话叫对事不对人，这是条好建议。
- 告知你的感受——生气、失望、沮丧——很重要。将感受与学生体验联系起来会产生全局感，能否使学生受益总是最好的论点。
- 确保及时更新职位描述，让教师明确学校对他们的要求和期望。
- 利用数据——不称职教师和其他员工相比究竟在哪里出了问题？

· 避免总结评价——让教师自己来。提供具体事实，确保了解你正在谈论的事情：这样反馈是基于你的观点而来的，更容易接受。

· 养成习惯，到达期限时给员工积极反馈——明信片、纸条、电子邮件或口头反馈。在提出挑战性反馈时，这些形式能起到缓冲作用。

· 反馈时避免用"那么，你觉得如何"开头，这是在回避问题。最好从总体评价开始，再具体到细节。

· 总是提出可能的改进方法：辅导、观察、调岗。明确你希望看到的行为和表现，试着制造双赢的局面。

· 如果问题涉及面很广，不要因为小部分人的问题警告全体员工或一组员工：将问题人员挑出来单独处理。

与不称职教师的谈话相当有难度，更多的时候我会请员工到我的办公室来，为了表扬和感谢他们的努力。领导一支年轻、有能力、主动性高的教师团队是有难度的，这群教师都是雄心勃勃的人，满足他们的雄心已成为我最大的挑战之一。经常从内部提拔员工是一项有效手段。这是吉姆·柯林斯在《从优秀走向卓越》中支持的另一项原则。在对成功 CEO 的研究中，他发现大部分人来自组织内部（当然我很高兴方舟集团 2008 年为伯灵顿·丹麦学院物色新校长时没有遵循这个原则）。从那以后，我任命的所有战略领导小组成员（其中有几次是因为原战略领导小组成员升职到其他岗位）都来自组织内部。我也通过为优秀教师寻找职位来留住他们，偶尔还会通过调整部门结构来挽留优秀的同事。吉姆·柯林斯曾谈及让正确的人上车，然后让他们坐到正确的位置上。这不是严格的科学，任何做过人力资源相关工作的人都知道错误不可避免。但当我每天早晨环顾员工活动室时，若我能看到一支能力出众的团队，那么我就能确信，要是我们的教师离职去了其他学校，那一定是因为他们的职位获得了重大提升。

结语：你的成功取决于你招聘、保留、激励和培养优秀教师的能力。

第四课　请教师开展备课、教学与批改工作

做自己。相信你的人格，传递你的能量。

像伯灵顿·丹麦学院这样大的中学，每学年要上将近 50 000 堂课。每一堂课都需要仔细备课，熟练讲授。随后课堂作业需要批改，或至少浏览过。本章将集中介绍校长该如何帮助教师重点关注他们的 3 项基本工作：备课、教学和批改。

先让我们暂停一分钟，思考一下任课教师一天的典型工作清单（请记住，在这张清单中，我们省略了处理每天不断发送至教师电脑中的大量电子邮件的工作，也省略了许多额外工作，例如上传测验分数、撰写报告、学科部门会议、运营俱乐部、参加家长会等其他学校活动）。

8:15　员工简报会。

8:30　个别指导小组列队，25 分钟个别指导时间。

9:00　第 1 节课：10L 班。

9:55　第 2 节课：8A 班。

10:50—11:10　课间休息。

11:10—12:05　自由时段：备课和准备工作。

12:05—13:00　第四节课：7B 班。

13:00—13:50　午餐。可能负责值日或者负责俱乐部、留堂或干预课。

13:50—15:30　第 5 节课、第 6 节课，第六学级两节连上。

15:30—15:40　点名：拼写和课程表。

16:00　每周 2—3 次，该时段安排了会议、俱乐部或放学后的干预课，如果教师带七年级则该时段为"准备时间"。

17:00　批改、备课和准备工作。

这样一天下来的工作强度很难体现在纸上。每个小组都会带着其特有的能量与活力走进你的教室。或许 8A 班刚刚上完一堂热火朝天的戏剧课，可能 10L 班的两名关键人物在来学校的路上刚刚在 WhatsApp 上吵了架。但教师在每一堂课上都要在全班面前主张自我，保持冷静与控制，然后教出一堂为学生需求量身定制的、引人入胜的课。任何不遵守规矩的行为都需要采取跟进行动：留堂、打电话回家、见家长，更别提学生每堂课上完成的大量作业都需要批改。是的，教师确实能享受额外的假期。但在假期以外，我想不出还有什么工种，或许只有医疗行业的人，每天面对的压力会如此之大。我的教师都是年轻、外向的人，活力十足，但我知道他们很少有时间和精力在工作日社交，这是平常每一天最要命的事。不像其他行业的朋友，教师想要在某一天"慢下来"，外出喝杯咖啡，或是接近中午时安排客户去外面开会，是种不可能的奢侈。他们每天都要集中全身的能量控制住课堂。每周结束之前，我们的员工几乎再没留下多少精力，当我在周五看着他们带着满满一包周末需要批改的作业，步履蹒跚地穿过校门时（尽管我亲眼看到他们中的大多数人，都会在回家路上去学校对面的小酒吧喝一杯），我的心微微刺痛。任课教师的工作呈现出一种真正的挑战，这也是全国上下成千上万名教师每天需要面对的挑战。

校长的工作就是要创造出一种职场文化和制度，帮助教师将注意力集中在自己的课堂教学上。首先是确保学生懂得如何守时有序地进入教室，这里我们要介绍伯灵顿·丹麦学院的一位英雄 —— 高大的牙买加人托尼·兰博。对许多学生和家长来说，兰博先生是他们最常在学校见到的员工。他是我过去工作的圣心学校的一名男学生的家长，他的姐姐在圣心做文员。我刚认识他时，他的善良、自信和身材就给我留下了深刻印象，所以我到伯灵顿·丹麦学院就职时，我邀请他辞掉皇家邮政的工作跟着我来这里当学校的第一任纪律主管教师。如果你早晨 8:25—8:55 驾车沿着伍德街行驶，就会看到他站在校门口，风雨无阻地迎接学生，记录迟到者的姓名。他已经成了人们崇敬的对象，知名人士，深受学生的尊敬、家长的爱戴，甚至还有人会送他蛋糕或其他点心。

白天，兰博先生会巡视校园，催促学生去教室上课，帮助教师解决任何纪律问题。托尼也要监管临时班，打扰其他学生学习的学生都被集中在这个房间里。这是一项临时性干预措施，我们让学生暂时中断课表安排。通常临时班最繁忙的时间是年级组长与学生家长见面的时候。兰博先生还有另一项功劳，他在放学后的价值不可替代，他会执行每天的留堂，当夜幕降临，他会去操场清场。他是维持学校秩序的榜样，他提醒人们哪怕没有教师资格的非专职教师，也能对年轻人产生积极影响，这一点在音乐教师、橄榄球教练和职业作家身上得到进一步体现，他们都是来伯灵顿·丹麦学院与学生分享他们的热情与才能的。兰博先生于 2011 年获得了方舟学校系统英雄奖 —— 这份奖赏配得上我最得意的这一次任命。

校园纪律

每一所学校都有它纪律违规的多发地带。管理学生课堂上的纪律比监控他们在校园里的行为相对轻松。那么要如何改进校园纪律？

• 组织积极行为工作小组，小组由员工和高年级学生组成，找出确切的问题所在。

• 和小组成员一起巡视学校，找出瓶颈。引入时间表，有必要让他们发现，让整个九年级同时在一层楼上换教室会造成麻烦！

• 制定校园规章，到处张贴标志，这样你的要求就会清晰。在校会上宣传规章，利用积极行为小组的学生宣传规章。要对期望中的学生纪律行为了如指掌。

• 让战略领导小组监管纪律违规多发地带，坚持每名教师在一节课开始和结束时都要提前进入或推迟离开教室与其他教师交接。各部门分担部分区域的监管。将问题切割并逐个击破：迟到、喊叫、保持左侧行走等。

巡视校园时，托尼得到了领导团队的大力支持。高层领导每天花好几个小时值班、巡视，我们会在上下课铃打响时，去指定地点监督学生到下一节课的教室。有时我会担心我们在纪律上过分依赖监管，而不是靠学生自律。我很佩服有些学校的学生自愿、安静、快速地从一个教室走到另一个教室上课，学校引导学生排队行进，有时甚至安静地看书——这里借用了美国一所连锁宪章学校的案例。我本已找到了一个让学生在伯灵顿·丹麦学院换教室的更严格的管理办法，但我们长长的走廊、庞大的学生人数和广阔的校园不适合采取安静换教室的办法。于是我们最后采用的折中方法是，安静、迅速地换教室，由战略领导小组和教师监督，我要求他们站在走廊和他们的办公室外问候学生。如果有人未能在 5 分钟后的第二遍铃声响起前进入教室，战略领导小组会记录迟到者的名字，将他们加入每日留堂名单。战略领导小组成员和年级组长都配备了对讲机。配备对讲机是上一任校长留下的传统，我从来没能完全坦然面对它们，我害怕它们创造一种应激性文化，高层领导永远都处于紧张状态，随时要接听下一个呼叫。但我们的团队似乎挺喜欢它们，所以目前对讲机得以保留。

当学生进入教室，我们就要保证将他们留在那里。我不知道年轻人从哪里学来了这个，他们有种倾向，认为冰袋像万灵药一样可以解决各种疼痛。我记得曾经在午餐之后，看到接待处有一队学生排队等着领取每日一份的冰块！我很快制止了这种行为，坚称学生必须得到老师的批条才能离开教室，然后我们很快设法处理所有上课时间游荡在外的学生。这同样适用于上厕所。教师在上课时不能离开教室如厕，我们对学生提出同样的要求，当然因病导致的情况例外。如此便重申了上课时间神圣不可侵犯这一观点。

合理地执行一贯性

一贯性是学校成功的关键因素，是"同唱一首赞美诗"或者作为团队一起工作。

现在有些学校会时常搞些短期"运动"，例如允许迟到周、无家庭作业周或不穿校服周。校会、同学和显示屏很适合发起这类短期活动。但最好的学校会对此类关键事务持续保持警觉，让守时、完成作业和穿校服上学成为常态。

学生需要身边的事可靠并形成规范，因为大部分学生不像成人一样，在问题发生时还能保持一定的主动性。他们需要在平等、公平、正义和获取方面的一贯性。

我们要如何在学校鼓励一贯性？某种程度上，答案是由高效的教师通过执行日常规范确保班级的一贯性。

规范是指为了提供流畅、不间断的课堂活动而创设的特定行为与活动。如能悉心教会学生，规范能够节约大量时间。如果学生清楚了解学校在各种情形下对他们的要求，就能将大量时间节约下来用于教学而不是用于组织或训导。员工要设定学生每堂课均需遵守的共同规范。如果所有员工坚持要求学生遵守规范，学院里的每个人都能更加轻松。

因此，我们为下列行为设计规范：

• 走廊纪律；

• 午餐排队纪律；

• 在外面排队；

• 进入教室；

• 在课桌后等待；

• 课桌上应该放的东西；

• 点名；

• 分发物品；

• 清理物品；

• 寻求帮助；

• 为不同任务或活动换教室；

• 展示练习册上的作业；

• 完成任务后的应有举动；

• 使用特定设备；

• 小组活动；

• 回答问题；

· 交作业；

· 离开教室。

如能设定清晰的"共同"规范，学生就能明白一节课开始时应该做什么，结束时应该做什么。在学院时，他们对任何一次换教室或活动应有的流程都了如指掌。交作业、完成作业后该做什么、怎样进行小组活动、实践活动、野外活动以及其他活动都因为彻底解释并充分实践过的规范而变得能够"自动"进行。这能让教学更加轻松！

优秀的教师会在工作中采取为规范打分的做法。这也是为什么他们的学生能在课堂上完成如此之多的工作，然后带着成就感下课。

另外，也许看起来有点古板，但我们要求学院文件格式统一：备课记录、工作计划、信件通知（要求用世纪哥特字体）。这反映了整个学院的高期望值，即高度的专业性。

教学 —— 知识和技能从一个人身上转移到另一个人身上的过程 —— 也许是所有人类活动中最基本的一项。自古以来人类一直都在进行教学活动，多数以家庭为单位进行。直到最近，它在大多数国家演变成一项专业化、外包化的活动（不过家庭学校在美国的兴起表明，这一趋势并非不可逆转）。教学的专业化激发了人们对教学过程的严格审视，学者们思索它究竟算是一门艺术、科学、手艺还是职业。当我们回归这项活动的本质 —— 知识和技能从一个人身上转移到另一个人身上的过程 —— 就能发现教学工作的简单性和复杂性。说它简单是因为它亘古不变，与生俱来，就像海豹幼崽骑在母亲的背上就能学会游泳一样，说它复杂是因为知识转移时不能忽略人的个性。教师带来的是他或她自己所理解的知识体系，每个人的感情、经验和学科基础知识综合总是大不相同。

师生之间的这种矛盾在我过去 40 多年工作过的城市学校中尤其明显。伯灵顿·丹麦学院有一支多样化的员工团队，但大多数教师仍是英国出生的、受过大学教育的白人，他们与我们整体学生背景显得格格不入。这种差异当然可以不必放在心上，但教师必须赢得学生的信任，在师生之间缺乏共同背景的情况下，这种信任变得有些复杂。法律规定年轻人要上学，直到 17 岁，但那并不意味着他们珍惜或尊重法律强制他们接受的教育。因此，我们努力让学生跟随我们，打动他们的心，激励他们喜欢上学习，将他们当前的成绩与未来理想联系在一起。然而有时这种共识难以达成，我们必须迫使（但不是威逼）学生遵守我们的要求。我见过好些任课教师，他们的好意和示好姿态并不适合改造年轻人。最好的教师有魅力，有同情心，能够鼓舞学生行动起来，但他们也会向不配合的学生主张他们的意愿。我想在政治上，这种做法应该叫"绵里藏针"。我希望我的教师套在外面的绵更厚一些，藏在里面的针也不要有伤害性。

课堂是学校的脉搏，学校的成功与否最终还要看课堂活动成功与否。迪伦·威廉教授坚称，教育之中最大的鸿沟不是不同学校之间的差异，而是同一所学校不同班级之间的差异。在加拿大，班级水平差异是校级水平差异的 4 倍。对策略制定者来说，这意味着必须投注力量提高每个班级的教学质量，而不是追逐全校性的改革。高效的学校是由大量高效的班级构成的。萨顿·信托提供的数字显示，好教师和差教师每年的进度差距为 1 年，差教师每年完成 0.5 学年的进度，而好教师能完成 1.5 学年的进度。我从来到伯灵顿·丹麦学院起就开始关注课堂教学，就不断强调一个最简单的道理，那就是教师应该做好备课、教学和批改工作。

优秀课

我的整本书都在介绍课堂操作和教育相关的内容，在此我只给出一些最简单的思考。在我看来，优秀课的关键标准在于，学生能否在课堂上取得进步。几乎所有的优秀课在备课方面都做得十分优秀。

据我观察，优秀课有下面这些共同特征：

• 教学有刺激性，热情且有持续的挑战性。

• 教师具备学科专业知识、了解教学方法且懂得学生要如何学好该学科。

• 教师对教学内容充满热情。

- 课堂上的人际关系温暖、积极。

- 活动与要求符合学生需求。

- 训练有素的助教为学生学习提供强力支持。

- 优秀教师在他或她的课堂上偶尔展现他或她的优秀 —— 他们并非每一刻都是优秀的。

- 所有学生都取得超人进步 —— 超出要求 —— 与精心设计的学习目标同步；指引课程走向成功的是课堂学习目标；向员工作反馈时，我通常从目标开始：它们是路线图，也是基础。较差的课通常都无法恰当地描述学习目标。

关注优秀课的特征时，我们有时会忽略学生发展的方面：

- 学生渴望来上课；学生对学科产生强烈兴趣和热情，常常会到第六学级及以上年级时选择继续学习这门学科。

- 学生积极踊跃，渴望付出努力并希望给他们喜爱的老师留下好印象。学生感觉到在这门课上比在其他课上获取的进步更大。

- 双向沟通，师生关系良好。

- 学生不想下课。如果教师因故缺勤，他们会感到失望，甚至感到受到了背叛。

- 学生主动接受责任。

- 学生合作、细心周到且一贯纪律良好。

下面是我用来帮助教师做到优秀课的一些小提示：

- 阅读关于执教学科的最新文章和关键理论；

- 尽可能了解学生，与他们的家长 / 监护人建立联系；

- 鼓励学生之间进行合作，进行小组活动或安排创意座位表；

- 微笑、大笑、开玩笑；

- 鼓励主动学习；

- 准时并完整地批改作业；

- 明确每项任务所需的时间；

- 不断执行上述做法，传达高期望值；

• 观察学生情况：学生是否有所进步。

我当校长快 10 年了，在此期间我推开过几千间教室的大门。你会变得擅长通过捕捉瞬时印象判断学习质量。在简单的层面，你会注意学生嚼口香糖、喝饮料或者把包放在书桌上、瘫坐在自己的椅子上 —— 缺乏经验的教师可能会忽视这些基本课堂纪律。更重要的层面，你会注意是否有明确的目的性：学生是否集中、投入并且参与度高？他们是否不仅知道他们在做什么，还知道他们为什么要做？他们是否了解今天的课程属于他们目前学习单元中的哪一部分？学生课本是否正确放置，教室是否明亮、整洁？我希望气氛是积极而集中的，能让人切身体会到紧迫性与节奏感。你也会变得熟练衡量教师对课堂的掌控度，通常可以通过声音、肢体语言和他们在教室里占据的物理位置判断。趴在讲台上很难号令整个班级。巡视校园，可能是带着客人一起巡视，是一项美妙的特权，可以推开教室大门，去发现教室里正在发生奇妙的化学反应。

课堂规范

保证纪律稳定的最好办法是坚持遵守你定下的规范，让学生彻底理解在你的课上应该如何行事。下面的检查表看似死板，但规范和仪式都能够带来安全感。就如同有些家庭有周五聚餐或周日去教堂的惯例 —— 学校要为学生提供类似家庭惯例一般的制度与安全感。

按照阿图·葛文德在《检查表宣言》（*The Checklist Manifesto*）一书中的精神，即做最简单的事，我们采用了下列教师规范检查表。

课前：

• 是否备课计划中含有针对全体学生的挑战？

• 是否设置了全体学生都有能力达成乃至超越的目标，体现他们的进步？

• 是否按照伯灵顿·丹麦学院方针，诊断式批注课本？

• 是否持有最新的座位表？

• 是否在走廊区域配备人手，在教室门口迎接学生（监管教室内外各一英尺范围）？

开始上课：

• 是否确保学生文具都已经安放在书桌上，包括记录本和铅笔盒？

• 是否在第一页幻灯片上显示作业，让学生抄录在他们的记事本上？

• 是否用 5 分钟与课程相关且有的开场白吸引学生注意力？

• 是否检查全体学生都已抄录标题、日期和学习目标？

• 是否在课程开始的前 10 分钟内完成点名？

上课过程中：

• 是否确保学生了解目标和他们完成目标所需的行动？

• 是否利用个别提问 / 集体回答检查学生是否达成或超越既定目标？

课程小结阶段：

• 是否通过有意义的小结环节检查学生学习情况？

• 是否在课程结束前检查学生完成目标进而有所进步？

• 是否下课前请学生安静地站在课桌旁边？

下课：

• 是否打铃时让学生一排一排按序轮流离开？

• 是否回到走廊，确保学生顺利转移至其他教室（监管教室内外各一英尺范围）？

本书有一项重要主旨，校长的特色与学校的特色不可分割。班级也是一样的道理。建立有效的班级特色是每个从事教师行业的人都面临的挑战。想做到完美需要经年累月地积累，即使已经从事教育工作几十年，我仍旧觉得要分辨出优秀教师和普通教师很难。但这又很重要，因为哪怕是最细致的教案，也只有讲课的人优秀了，课程才会优秀。同样在课堂上，课堂活动深深烙有授课教师的个人印记，会根据教师个性产生不同效果。心理学家将这种情况称为"光环效应"。

或许将"特色"称作"个性"更好，因为这是教师与学生交流的最重要方式，你永远不知道面对 25 名青少年，人们会作何反应，除非他们日复一日、持续相处一段时间。我记得一位通过教育优先加入我们学校的教师。我们从第一回见她，便开始准备应急计划以应对她的离职，我们的担忧是基于她在入职周期间在员工面前表现呆笨、散漫。然而，当她 9 月走进教室时，竟让整个班级充满了温暖、美丽和创意。3 年过去了，她依然是我们团队中极富价值的一员。年轻人往往能够公平而精明地评价性格，因此他们从一开始就爱上了她的关怀方式。

年轻人能够公平地评价性格，并不代表他们就能够尊重权威。即使不沉迷于怀旧的人，也知道在过去，学生在学校服从权威是常态。是的，个性仍然重要，但在大多数学校，教师不必主动争取主导权。谁知道为什么呢？也许那时的信任度更高，也许宗教影响鼓励人们臣服于权威。毫无疑问，在较小的社区生活意味着遇见更少的陌生人并拥有更高的互信度。如果你的英语教师哪怕只有一次，在周日教堂聚会上站在你的父母身边，你也会更倾向于服从他或她。可能我夸大了近现代英国的简单程度，但如今当教师已经不能继续依赖年轻人的服从性。必须争取他们的服从，每年我都会看到新教师力图在他们的新班级里主张自我。我反复使用了"主张自我"这个词，我认为它能体现挑战。人数上教师居于不利境地 —— 理论上能够主宰班级的是 25 个孩子，而不是那个落单的教师。所以教师必须有强大的个性，必须比 25 个年轻人的个性的总和更加强大。好消息是，学生希望教师占据主导。坏消息是一旦未能掌控局势，许多学生会随时抢走你的风头。

那么，教师要如何在课堂上主张自我呢？简言之，要建立自己的独特优势并向他们强调这份优势的价值。这和《经济学人》编辑杰弗利·克劳瑟在 20 世纪 50 年代对记者作出的建议类似："先简化，后夸大。"成功的教师会集中展示他们最引人注目的那一部分个性，然后让整个班级浸润其中。我并不是说所有的教师都必须魅力爆棚。用市场营销的术语来说，他们的卖点，可以是严格的纪律管理者、善于讲故事的人、伟大的激励者、自身领域的专家、细致的计划者或者富有同情心的导师。有些人通过证明他们对学校的价值赢取地位，比如指导足球队或协助学校音乐会的后勤工作。甚至个别人通过"跟孩子打成一片"获得成功，尽管我不提倡这种方法，主要因为对我们大多数人来说这样做不怎么真诚。

真诚是至关重要的。乔纳森·史密斯在他的书《学习游戏》中抓住了这一点，建议教师："做自己。相信你的人格，传递你的能量。"他还详细叙述了教师的最佳状态："他们看起来融入那里，他们看起来就该站在那里，就是那种状态。当我准备好时就会开始。那就是他们的肢体语言。我生来属于这个舞台，这是我选择的地点，我知道自己能表现好。"这与彼得·海曼在《十里挑一》（*1 Out of 10*）中的观点一致，在书中他介绍了他在唐宁街 10 号担任托尼·布莱尔的讲稿写手和到伊斯灵顿一所学校任教的故事："我还没掌握教学的全部秘诀，但我现在正在学习是什么令有的教师拥有权威性而有的教师没有。关键因素是确定性：你的声音语调中透露出绝对的确定性，确定你所说的事注定发生；确定你了解你的学科并为接下来的一小时做好了充分准备。"问题在于，这种确定性几乎很难作假。

我注意到这一点是有一回在某学校，看见一位戏剧教师无法掌控他的课堂，尽管他是一位十分优秀的专业演员。我当时曾想对他说："如果你擅长表演，你就不能表演出一位有权威的教师吗？"而事实上，教师的个人特色必须是一贯真实的，就像纪律管理专家比尔·罗杰斯说的这段话："当教师的行为、肢体语言、姿势和交流表现出自信和权威时，当这种自信在教学和管理中得到保留时，学生会倾向于配合教师的领导。"我曾听说，在当前严谨和问责制的环境下，教师已经成为一种绝对技术型角色："教师的角色已经被简化成加工工人。"而按我的经验，如果教师把他的工作当成一项技术工种，他会很难主导他的班级；个性与教学的挑战性永远是不可分割的。

学习行为规范

年中是在学习场所重申原则和指示的时间。方法如下：

1. 如果你彻底、清晰且一贯地做好批改评分工作，多数学生会承诺为你好好努力。关注备课工作和作业批改工作。

2. 关爱心灵。学生喜欢被表扬、看到作业被贴在墙上、成为每周之星、家长接到积极的汇报电话等。认识家长会大有帮助。

3. 只接受最好的作业，在班级里建立先打草稿的文化。伯灵顿·丹麦学院调查显示，决定学生行为的根本因素是动机。高动机水平会带来自豪感——自豪感会带来努力。总是及时跟进家庭作业——那样学生总会及时完成作业。

4. 坚持不懈地以最严谨的方式跟随学院系统。座位表、数据意识。在精心制定目标的基础上取得进步。尝试简单直接地"积极倾听"：对全班发出精确指令（停止交谈、放下笔、看着教师等）。

5. 寻求支持。有些员工能帮助你，他们过去都曾从支持中获益。

回首学生时代，我们会更确信教师个性的重要性。我在上第六学级文法学校时，有幸遇到了一些优秀的教师。我的英语教师普里查德小姐用她对课题的热情激起了我对文学的热爱。有用的个人见证和浪费时间的自我吹嘘之间有一条精准的界限，我鼓励教师在课堂上讲一些与自己相关的事情，否则一天六节课对学生来说是种艰巨的障碍。如果教师热衷于他所执教的内容，那么要在课堂上传递他与课程的个人关联会简单许多，这也是学科部门在学校占据重要地位的一大原因。我个人最难忘的课程中曾探索我所喜爱的戏剧的丰富层次，例如《哈姆雷特》和《奥赛罗》（Othello）。

关于如何界定一堂优秀课，我们已经探讨了许多，但对观察者来说是种显而易见的享受与参与感，这种感觉只可意会不可言传，值得每位观察者经历。

心理学家米哈里·契克森米哈在他开创性的流动性理论中捕捉到了这种感受，他认为人沉浸在恰好略高于他们目前能力水平的活动中时状态最佳。他推崇置身该区域的感受："在流动中，人会完全沉浸在某项活动中以至于其他任何事都显得不重要了。"他将该论点应用于学校，认为"享受的感觉出现在无聊与焦虑之间的界限中"。因此，教师应该在课堂上创造流动的机会——对学习本身产生真正投入、享受的感觉。他在将理论应用于教育时这样总结他的观点，学校的价值并不在于教育，或训练学生生活必需技能的能力，而在于它们传递享受终身学习这一思想的程度。哈沃德·加德纳提倡在儿童教学中采用流动学说，从内心激励他们，而不是通过奖励或承诺奖励。当你有关心的东西并能够在投入的过程中获得愉悦感时，你就处于最佳的学习状态。

学生的需求：小组活动

要问任何学生他们最喜欢课程的哪个方面，我打赌大多数人都会回答"小组活动"。这让我想起亨利·福特的讽刺，如果我问别人他们的需求，他们就会想要跑得更快的马。小组活动不是万灵药，但的确有其用武之地。这是一种培养独立学习的绝佳方法。不过它也有缺陷：必须好好组织管理，清晰划定组内角色。关键在于，学生未必理解小组活动所需的技能，需要我们对他们进行明确的指导，并在全学院范围以一种前后一致的方式严格评判，就像对作文、阅读的评判方式一样。

最好的情况下，小组活动能提供学习教学技能的机会，例如：

• 组织；

• 协商；

• 委任；

• 团队协作；

• 合作；

• 领导力；

• 说明；

• 顺从他人并接受权威。

学生喜欢一起工作，互相教学（一种最有效的学习方式）并且小组活动有利于鼓励不合群或较不自信的学生（例如非英语母语学生或特殊教育需求学生）进行社交互动。我曾在一堂伯灵顿·丹麦学院的地理课上，见过学生通过角色扮演展示火山爆发的后续应对措施，各小组分别扮演军队、应急服务人员和医疗人员。由于学生不想让别人失望，活动成为一种更加积极贡献且减轻学生与教师双方工作负担的学习方式。实际上,将学生分组(例如以指导为目的)通常是一种高效的引导竞争精神的方式。在全国普遍开展的个人导师制是不是帮助学生有效准备考试的方法?

小组活动需要议定规则、计划检查表,表单包括:任务性质、小组构成、组内角色、时间安排、成果以及评估机会。要求准备草案,内容应包括所有学生都要做好准备与组内任意成员合作。明确要求在宽容且考虑他人意见的环境下工作。

活动情况良好的表现包括:

• 通过限制小组规模减少组员不出力的情况;

• 与全班分享小组活动的最终成果,欢迎批评,互相倾听;

• 安排课内时间让小组商讨、计划(此举相当有助于独立学习);

• 针对工作本身和小组合作情况制定健全的评估方式;

• 给出一定时间建组并磨合小组;

• 指定分组,而不是让学生自由分组;

• 为培养创造性,鼓励组内讨论;

• 小组工作成果多样化:挂图、三要点、精确证据、海报演讲、讨论、构想、头脑风暴等;

• 后续个人评分,如此能提升小组活动在学生心目中的价值;

• 在为成果评分或奖励优秀成果或个人时,制定有效的小组互动合作式的评分标准。

在伯灵顿·丹麦学院,我们有幸拥有一些相当有才能的教师,他们决心要做的事就一定能成功。前人文科学教学组长斯通女士曾领导过探险活动,到这个星球上最遥远的角落,包括戈壁沙漠和喜马拉雅山脉。她的地理课洋溢着她在旅途中获取的激情与知识,她的教室更像一间地理实验室,里面有地图、地球仪、照片、海报和丰富的地理书籍期刊目录;数学教师吉达罗波斯先生经常对员工说,数学是所有课程中最美、最具创造性的学科,他教的大部分学生最后都赞同了他的说法;副校长费尔贝恩先生从剑桥毕业一年后被教师的工作所吸引，他本该继续在一家工程公司供职。他白天设计桥梁与建筑，晚上为朋友的孩子做家教，他发现了教学的乐趣；数学教学组长马戈奇先生在学校工作了 15 年，最近收到一位过去的学生写来的感谢信，感谢他改变了自己的人生轨迹。马戈奇先生曾在某个周六的早晨发现这个男孩在店里行窃。周一，马戈奇先生叫来了男孩的家长，在他的帮助下，男孩通过了中等教育普通证书考试，后来进入大学学习医学。这封信是学生在完成学业后写的。信的末尾写道："望您与您的家人见信安好，因为您是曾改变我人生轨迹的重要人物。就是这样，谢谢您做了额外的工作，只因那是我当时所需要的。我很久以前就想写这封信了，却由于种种原因一直没有动笔。哪怕您已不记得我，希望这封信也能在您觉得教学工作艰难而徒劳时，为您送去几分鼓励。"

我曾有幸在过去的职业生涯中见识过一些课堂，这些课带领学生进行一场发现之旅，涌动着学习新知识时的活力、担忧和兴奋。它们利用了学生先前学习的知识，随后踏入未知领域的绝佳境地，那里恰巧比学生既有的水平高出一点点：正是那契克森米哈所提出的"无聊与焦虑之间的界限"。一堂课的最后阶段—小结—带领学生回到起点，鼓励他们反思刚才课上学到的知识与技能的重要之处。让我来介绍一些达到一定高度的课。

我记得几年前，斯通女士在伯灵顿·丹麦学院进行了一堂精彩绝伦的地理课，她现在是助理校长了。那堂课的学生是一批能力较差、难以集中注意力的九年级学生。然而他们在合作设计小镇的活动中都相当投入。按照指定的角色，有的学生提供意见，有的必须考虑经济因素，而更多的学生要评估针对不同人群的各种提案带来的影响。学生通过他们高质量的贡献，大大超过了他们的既定目标，他们几乎都没意识到这一点，因为他们的注意力都集中在手头的任务上。斯通女士是通过讲课质量来管理纪律的卓越榜样，她课堂上的任务都是针对学生能力与兴趣精心设计的。

化学教学组长斯坦格女士通过她对学科的知识与热情掌控课堂。她把鲜活的气氛带进教室，以至于学生根本没有捣蛋的余地。回想在圣心学校的日子，我很高兴想起一位有点上了年纪的女教师，她面对学生任何时候都保持无可挑剔的礼貌。"我很惊讶你竟然在这儿嚼口香糖。"她会轻声说道。我也记得有位很爱挖苦人的数学老师，他凭借愤世嫉俗式的智慧吸引住他的学生。最后两个例子提醒我们，最高效的教师会发展出课堂特色，不仅让学生放松，也是一剂学习的催化剂。回想这些才华横溢的教师和鼓舞人心的课堂，我满怀激动，就像影迷回想起第一次看他喜爱的电影，书迷滔滔不绝地谈起他第一次读他心爱的小说一样。唯一的遗憾是，不像伟大的书或难忘的电影，这些精彩的课程从未被摄录下来并且永远都无法复制了。那是珍贵的回忆：教室里，全情投入的学生在优秀教师的辅助下不断地取得进步。

教即是学

教与学：同一枚硬币的两面。在伯灵顿·丹麦学院，教与学体现在下面这些原则中：

1. 无论背景如何，人人都能取得成就；

2. 教师必须有高期望值；

3. 教师决定课程节奏；

4. 取得成就的主要因素（挑战、节奏、动机、评估）是我们策略的基石；我们提倡推理、解决问题、评价和构建假设，同时提倡学生思考他们学到的方法；

5. 所有人都要了解他们的目标和达到更高水平的方法；

6. 学生必须有机会发展高阶技能，能力最强的人必须接受挑战；

7. 必须推动和挑战排在后 20% 的学生；

8. 尽管有统一安排，差异化依然很重要；

9. 每堂课都要有进步；

10. 要通过家庭作业进一步提高。

近年来，关于教学最有见地的书之一要数保罗·班布里克-桑托约的《巧用领导力》（*Leverage Leadership*）。班布里克-桑托约适时地提醒我们，我们作为校长的职责就是创造一种文化，让教师能够提高实践水平。《巧用领导力》提醒校长关注教与学，而不是那些日常事务，并且提出了一种基于持续改善而不是即时诊断的教师听课体系。班布里克-桑托约表示，多数校长会花大半时间处理行政事务，只有 6% 的时间花在了改进课堂教学质量上。在伯灵顿·丹麦学院，我们曾借用《巧用领导力》中的方法，创建了一种教师之间互相听课和指导的志愿体系，教师能从中频繁获取针对某特定问题的简短观察意见。当员工谈话内容从处理麻烦的纪律问题变成讨论如何提高课堂实践水平时，我知道我们的体系起作用了。

这里有必要停下来，探讨一下互联网对教学可能产生，或者说"正在"产生的影响。互联网的力量，当然在于通过它，学生不与教师面对面也能进行互动。这是一种根本性变革。自从有了正规教育以来，教师一直面临一种重要约束，每周、每堂课与学生共度的时间是有限的。通过互联网，教师能够在线发布关键资源，或在博客上发布教学视频。我们有一位数学教师，他的博客里包含了大量视频，为学生解说过去 5 年试卷上出现过的所有题目。还有教师利用推特获取学生反馈并鼓励学生将所学知识与时事联系起来。现在所有学校都有虚拟学习环境，能让教师在学校网站上发布资源，能让学生在线提交作业。甚至有些人怀疑，在线课程激增或许会让站在教室里讲课的教师过时。举例来说，可汗学院的座右铭是"学习任何东西，免费"，学院提供的在线教学视频形式简练，数量极速增长，内容广泛，涵盖了从"列奥纳多的蒙娜丽莎"到计算机科学理论，前景引人注目。大多数学校课程都会涉及某些教师授课的形式，传统上，这种信息传递是通过教师站在教室里完成的。这种特定的教育方法很适合互联网，在互联网上，很可能有另一位教师，已经录制了一段解说，恰好就是针对你要传递的概念，不同之处仅仅是他们采用了炫目的图画并且有能够重复学习的优点。如此，便能理解，教师为何会浏览 YouTube 和其他网站寻找金点子了。

维基百科的创始人吉米·威尔士预言，首先被在线教育取代的就是枯燥的大学课程，他这样回忆自己的大学时代："我当时在上一门高级微积分课程，讲师是有名的优秀研究者，但他几乎说不好英语。他是个极其枯燥、极其糟糕的教师，我完全迷茫绝望了。于是我去了校园家教中心，他们有一位曾获得教学大奖的教授讲课的录像带。基本上，我是坐在录像带堆里学完这门课的。但我还是不得不去另一个地方，坐在那儿，几乎想要自杀。当时我就想，将来，为什么你不能让最有趣的教授，那个有可靠记录，能够把知识填进人们大脑的人来讲课？我们现在还做不到。在大学里，你仍然很可能不得不坐在巨大的讲堂里，和十分无聊的教授在一起，每个人都知道效果并不怎么样。这样甚至没能合理地利用教授和听众的时间。但教师讲课只是课堂教学活动的一小部分。任何稍微像样的课上，学生都是积极的参与者，摸索他们探索的焦点并得到自己的结论。教师站在教室里讲课，要随时回应他的听众，衡量他们的理解程度并且预先排除他们的问题。他要知道学生上节课在哪里遇到了困难，以及下课前他要让学生学到什么程度。他要知道第一排那个男孩的注意力涣散，除非他在前 5 分钟内问他一个问题。他要知道周二，他们的前一节课是舞蹈课，所以学生很可能会兴奋激动，他要用一小段说教或反思来开场；但周五中午，他们需要注入一些活力，所以他可能会放一首最近流行的歌来开场，让学生从关注歌词渐渐转到关心课程内容上去（小心选择曲目）。人们说教学有点儿像表演，但其实教学更像在导演一场电影。推敲语言，设置舞台，决定基调，但最终你的成功取决于你是否有能力在你面前的那些人中间做到最好。"

学习的技巧与态度

教学在 40 年里发生了翻天覆地的变化。例如，教科书不再是约束学生学习的条条框框。现在任何问题的答案都能在互联网上找到——因此教师需要根据自身经验或过去的学习来设计"谷歌无法查找"的任务，预防答案被找到。所以不会像过去那样问"解释第一次世界大战的成因"，而会问"用我们今天课上所学的内容解释第一次世界大战是如何开始的"。

今天的学生需要知道更多、学习更多并更加持续努力地工作。注意力、坚忍程度、勇气和独立性都是必须培养和发展的属性。

我们在伯灵顿·丹麦学院会谈论"拉伸与挑战"：课程进行到让你

的大脑稍感压力的那一刻。学习总是有难度的：真正的学习能让人从无知变得教化。从无知转变为教化的过程，在我看来，你需要前文所述的情商与技巧。

本课开头部分，我们讨论了迪伦·威廉的观点，要最大限度提高教育水平，就要从班级而不是学校入手："高效的学校是由大量高效的班级构成的。"因此，校长要如何做才能促成我们刚才讨论过的那种课程呢？理想情况下，我们招聘能干、尽职的教师，让他们来做好工作。这也符合麦肯锡最近一份报告中的结论，学校"做到合格只需制定规则，而做到伟大则必须解开束缚"。自上而下的方法能确保达到某些最低标准，但打造杰出的学校没有现成的公式可循。畅销书《驱动力：关于动机的惊人真相》（*Drive: The Surprising Truth About What Motivates Us*）的作者丹尼尔·平克也提出过类似观点，将教学形容成"启发性"，而不是"程序性"工作。没有固定的公式"例行工作可以外包或自动化；艺术性的、同情性的、非例行的工作不能"。平克接着说："动机的内在意义十分巨大。研究者……发现外部奖惩——胡萝卜与赞——对程序性工作有效，对启发式工作却具有破坏性效果。"平克建议教师和员工不应采用外部奖励，而应致力于培养"自主性、掌控力、目标性"，进而解放人类的潜能。要做到这点，校长可以为学校创造一项总体目标，然后给予教师自主权，让他们为课堂打上自己的个人印记，并允许教师继续在学校周围进行的伟大实践中实现自我发展。同样，最好的教师会在课堂上建立目标，让学生对提高自身水平产生责任感的同时，提供个性化的、有见地的教学，帮助他们掌握知识。

我想进一步详细介绍我们是如何给予教师课堂自主权的。有些惯例是每位教师在每堂课都要遵循的。这些核心惯例包括学生进教室、就座和记录作业的方式。我们也要求教师为学生评分的方式保持前后一致。一致性能带来稳定性并创造积极的规范与仪式。此外，我允许教师自由地进行备课、教学和批改工作。上周巡视校园时，我目睹了一堂八年级英语课，课上学生正起劲地表演《奥赛罗》中的场景，书本桌椅都被移开了。因此，前面提过的

"此外"包括开始、中间和结尾,包括富有吸引力的资源和富有挑战性的活动,我没有要求教师拘泥于任何固定形式。我很高兴英国教育标准局放宽了对某些课程的形式限制,同时强调进步与参与两个方面。

2011年,我主持了英国教师标准、审核,在最终报告里,我建议引入新的优秀教师标准、评选最佳教师。我们也创作了一份新的教师标准框架,现已用于测评所有教师,从实习生到经验丰富的老教师。我们的简报取代了原先杂乱无章的74条标准和100多页指导内容,采用简洁明了、扎根于课堂实践的标准。我有幸和12位拥有丰富教育经验的委员共事,他们中有任课教师,也有大学教授。我们先问自己,希望由怎样的教师来教我们自己的孩子,然后制定了8项总体原则。这些原则和它们下属的分论点旨在划定最低期望值,锁定课堂实践中最基本的元素。我对它们相当满意,也很高兴这些清晰的原则能帮助校长在班级里提倡更高的标准。

教师标准(2011)

1. 设置高期望值,激励、驱动并挑战学生;

2. 发扬学生的进步与优秀成果;

3. 展示良好的学科与课程知识;

4. 备课、讲课结构完善;

5. 调整教学以适应全体学生的优势和需求;

6. 评分准确有效;

7. 有效管理纪律,确保安全良好的学习环境;

8. 履行更广泛的职业责任。

本课分析了课堂经验,并考虑了各种复杂因素,这些因素令教师向学生传递知识与技能这件很简单的事变得复杂。可以看出,教师在这个过程中不可能剥离他的个性。事实上,当教师在每年年初拿到时间表时,就明白他/她将与每个班级建立某种关系。就像任何关系一样,它会时好时坏,每年的第一堂课对于设置期望值和创建积极工作环境都是十分重要的。教师在每年的起点上，必须在设置期望值和讲授课程之间取得平衡。直接开始讲课，就会错失制定高期望值的机会，而此时却往往恰是学生最顺从的时间点。但过分注重规矩、规则和纪律，就会难以获取完成一定的学习量所带来的动量与满足感。有经验的教师已经习惯这种每年开始时的建设阶段，但对新手来说仍是种严峻的挑战。每年 9 月，我会见到新教师逐步扩张他们的控制领域。

开始，他们在课桌边徘徊，逐渐习惯着教师前方正中间的位置。随后，他们在教室里来回走动，蹲下与学生平视，站直表现出自信与权威，信心便逐渐增强。要不了多久，教师的控制领域就会覆盖教室外面的区域，最自信的教师会掌控整条走廊，会在学校的草坪上印下他们的权威。这样听起来像原始部落，但这正反映了教学的本质；这是人类本能的努力方式，从根本上，它源于人类经验的复杂性。

近年来，有人提出探讨，在贫困地区的学校和相对富裕地区的学校对课堂模范，或者说优秀教师的要求是否一致。有位学者这样说："城区学校的特点决定了，它们可能有必要采取与接收中上阶级家庭学生的学校筹备教师队伍的成功经验完全不同的方式。"教育优先与未来领导者这种专为有挑战的学校培训教师和校长的项目应运而生。我认为，在一所后进学校做教学和领导工作，比起同样在较富裕地区的学校，并不是困难的种类不同，而是困难的程度不同。简单来说，在富裕地区学校，教师面对的是顺从的学生，他们牢牢掌握了数学与文学技能，教师所花的精力，从范围到程度都不如在贫困地区学校所需要的，因为那些学校的学生不见得愿意学习，他们过去的教育和家庭生活或许未能教会他们在课堂上取得成就所需的基本工具。在这种环境下，教师和校长必须比在相对稳定的学校里工作时更加努力，更加有创造性，更加投入，更加严格。这很重要，因为人们倾向于认为麻烦的学校需要纪律管理者，在城区环境下不需要那些靠聪明才智的教师。但如果贫困地区学校里充斥着军官式教师，或另外一种极端，半青少年辅导员式的教师，那将是十分错误的。富有知性、了解学科知识、善于沟通、富有同情心、有智慧以及有活力会让所有教师从中获益。在某些学校，学生已经学会服从，那么教师也不会轻易暴露出缺乏这方面特质的问题。而在后进学校，问题无所遁形，因此教师具备这样罕有的技能与个性组合成为了最要紧的事。而教学最奇妙的一点就是，这些个性都是人性的、自然的。

结语：教师面临巨大的挑战；校长的任务是令他们在课堂上获取成功。

第五课　建立公开透明的文化与问责制

没错，所有的学生都从 1—180 名排名。

2011 年，伦敦交通局公开了出行数据，出行类手机应用和网页开发者得以获取实时出行信息。结果，数据使用者 —— 出行者 —— 得以轻易获取关于行程时间、线路停运和信号灯故障的实时信息。出行者掌握了这些和他们息息相关的数据的所有权，帮助他们在出行时更好地做出决定。在西伦敦一隅，我努力在伯灵顿·丹麦学院实现数据公开，让学生能够拥有与他们切身相关的数据：他们的学业情况。这是个相当有争议性的话题，但本课将要论证，采用数据推动学生继续取得进步应当成为每所学校最自然的做法，21世纪的学校有责任建立公开透明的文化与问责制。

起步阶段：获取正确的数据 —— 我们如何使用它们

……只有能激发关于当前进行的学习本身以及如何进一步学习的问题的，才是有用的数据。

我们用数据：

• 建立用于认定学生潜能的基准。

• 按学生能力分班。

• 精确告知当前教学与考查的水平。

• 通知学生和家长他们目前的能力水平（将这种认知作为学校文化的一部分）。

• 设定个人学业目标。

• 通过比较学科考试结果明确进步，通过"跟踪"学生个体进行标杆分析。

- 定期在公开场合按能力给学生排名。

- 找出采取并分享有附加价值行为的教师，通过提高权责的方式支持中层领导。

- 在9月初和校历规定时间点，对自身表现和学科表现进行分析。

- 发现潜能与进步不一致时，立即采取定向干预。关注边缘学生，请家长干预，如果有必要，请政府干预。

- 表彰进步与成果。

建立透明文化与问责制的第一步，是记录并公开学生取得的进展。看似显而易见的事，在不少学校和学校系统（有些是相当不错的学校系统，比如芬兰系统）却不是习以为常之事。针对频繁考核学生的做法，反论颇多，许多反论亦有可取之处。有人认为考试带给年轻人不必要的压力，会让教师为了考试而教学。这的确是潜在的问题之一，但我们能轻易防范。当然，讲课和考试之间必须取得平衡。我们的解决之道是，就像我们安排学期起始日期和重大活动日期一样，对未来一年所有考试日期做出安排。每个年级的每门课每学期都要考核一次 —— 那是全年3次正式考核的节点。至于教师为了考试而教学，这种说法在以下两个方面都站不住脚。首先，如果考试是严格且经过精心设计的，那么帮助学生通过考试是完全符合我们所希望看到的平衡的学习结果；其次，我认为年轻人渴望做好，而且坦白说，我认为他们有能力应付每年3次的考核。我的观点是，年轻人在11岁、16岁和18岁（通常是过去的情况）要面对的决定命运的考试所带来的压力，远远超过他们在上学期间频繁考试所带来的压力。我们的做法能让学生习惯考试，我相信这一点能帮助学生发挥最佳水平。

考核的力量

在伯灵顿·丹麦学院，我们：

定期考核　每门核心学科每人每年要进行6次终结性考核，基础学科每年 3 次。考核时间都写进学院校历。要求每位教师为每名学生打分，该分数将被录入学校数据库。考核是推动学生进步的一大要因，因为数据都是经过严格取证分析的。

应该事先告知学生每一级水平需要达到的要求。必须编写并下发复习指南。

排名　学院旨在通过排名保持定期严格进行考核，并且保持跟踪进程以便有效进行定向干预。

我们也致力于通过制度的透明性提高学生主动性，建立学生的竞争精神。

员工要事先通过一系列集会向学生强调考核的重要性，确保学生理解排名的目的并了解它是如何在实际操作中起作用，让学生对引入排名制度有所准备。

排名是决定学生分班情况的决定性因素。学生每半个学期考核一次核心学科，每学期考核一次基础学科。为提高精度，数据按百分比或分数的形式，而不是按国家学科评分等级录入。

每半个学期，副校长威尔森先生会仔细分析这些数据，将各年级学生按学习成绩排名。英语、数学和科学占双倍权重，保证排名以核心学科为重。

教师为十年级至十三年级的学生打出预期分数，确保分数准确性很重要，一名战略领导小组成员将对比每个学生每门学科的预期分数与实际考分。

排名在全学院范围内展示。此外，学生会收到一张他们所有成绩的汇总贴纸，同时家长或监护人将收到一份书面报告。成绩公布当天，学生都十分兴奋：有些人心花怒放，有些人失望到崩溃。我们常常说，这个过程就像公共考试的一面镜子，无论喜欢与否，都要记住这种感觉，作为警醒。

每年，我们根据排名安排学生进入不同的班级。我们尽可能把每个年级的全体学生按能力分班。能力较差的班级有 10—15 名学生，我们安排了助教和特殊教育需求协调员（SENCO）帮助他们。我们致力于自下而上地提高水平，会安排某些最好的教师去教这些较差的班级。根据排名，我们还安排了干预行动，尤其针对十一年级：这个年级的学生会按他们达成目标成绩的进展分成多个关键干预小组。

设立目标　每个学生在每门学科都有单独的个人目标。目标被写在一张贴纸上，贴在他们的记事本里。让所有学生都清楚自己目前"正在努力"的分数和他们的预期分数是必不可少的工作。

预期分数根据下列 3 项信息拟定：

1. 一系列个人信息和教师对学生的了解；

2. 基础考试（理想情况下采用关键阶段 2 的成绩）；

3. 学院考核结果，尤其是七年级和九年级。

教师只能在战略领导小组知情的情况下向上调整目标考核分数。我们的预期分数按全国前 25% 学校内的前 50% 学生的水平拟定，即以 4 级 B 等或以上成绩进入学校的学生：

1. 关键阶段 3 的目标比进入关键阶段 3 时的基础分高 6 个子级别；

2. 关键阶段 4 的目标比进入关键阶段 4 时的基础分高 12 个子级别。

学生成绩是学校最基本的通货 —— 学校的根本立足点。所以，不清楚学生的成绩就像足球队不清楚他们在比赛中领先还是落后，或者水管工为房屋接通自来水后不检查是否出水。坦率地说，我认为那些指责学校考试日益增多的人，根本在这场辩论中站错了队。引用全国教师工会秘书长克莉丝汀·布洛尔在 2013 年说过一句话："儿童必须跨越的障碍，例如一年级的拼读测验、六年级的拼写、语法和标点用法考试，会带给许多孩子挫折感。"说这句话时，我必须在句末加上一个限定语，"如果他们失败了"。显然，如果将考试文化等同于失败文化，是一种最糟的低期望值？如果学生在我们的帮助下做好充分准备，他们会成功的。除此之外，我感到对考试的担忧其实是没能认清一个道理，透明、问责制和反馈已经成为现代社会的重要元素。

这么说吧，如今你致电电话中心时，对方会提示等待时间，电话结束后，通常你会有机会对服务质量提供反馈意见，有时是通过一条单独的短信。移动电话运营商会透露他们每月电话的中断率，在工厂公告栏里，会向工人展示目前的生产率；我最近一次坐飞机时，飞机降落后不久，我就收到航空公司的短信，向我询问关于航班娱乐设施的反馈意见；在汽车里，仪表盘会向司机反馈从燃油效率到前方交通情况等各方面信息。有些仪表盘甚至能根据传感器探测到的疲劳迹象提醒司机休息。成千上万的人和我们一样根据互联网上的评论预订宾馆和出行。

　　这些例子都揭示了，透明、问责和反馈已经成为现代社会的常态，但别以为这种开放只限于消费选择方面。事实上，最激烈的改革已经在公共服务领域发生。在巴西，公务员工资被公布在互联网上，这一举动揭开了公务员系统一些令人震惊的腐败："圣保罗有 168 名在审计法院工作的公务员月薪高达 $12 000，有些甚至高达 $25 000——比巴西最大城市的市长工资还要高。"在英国，政客们的收入也能在互联网上找到；最近在法国，部长们已经迫于压力公开他们的个人财产。英国国家医疗服务体系（NHS）的心脏手术成功率现已在互联网上公开，手术成功率因此提高了 50%，成为全欧洲成功率最高的机构之一。甚至公共洗手间都会在做完保洁后通知用户，有时还会显示距下一次保洁安排的倒计时。这件事为什么重要？简单地讲，如今的科技水平能够将实时数据交到公众手里，恰好符合消费者和纳税人花钱后希望物有所值的想法。作为校长，我们可以选择像鸵鸟把头埋在沙子里一样逃避现实，偶尔向学生和家长提供遮遮掩掩的数据；也可以选择拥抱人们对信息和反馈的渴望，利用它们激励学生，频繁地将相关的、准确的、有意义的数据交给学生，让他们有能力管理自己的学习进程。当然"学生成绩"包括个性、精神以及学业成绩，但我也相信我们有能力实现这些成绩，分辨学校是"考试工厂"还是真的全面培养学生成长并不困难。

问责制

　　如果要用一个词总结领导力，我会说"问责制"。关键阶段 4 和 16 岁以上阶段教育结束时的数据事关重大，英国教育标准局、校董、女王陛下的评审员、学院赞助商、当地政府、在线提高以及许多其他利益相关方会在整个学年不断要求校长在各种方面负责。应对问责制，实质上是活在问责制之中，是领导力的本质。

我们忘了，问责制并不是要"揪小辫子"，问责本质上是与学校发展联系在一起的。你的动力应该来自学生在课堂上学到了什么（不仅仅指学术上），来自成绩而不是过程。

然而在最基本的层面，学校的权责并不明确。是优秀的学术表现吗？培养性格，还是两者都有之？或者只是简单要求进步而不看成果？进步要求是不是应该视情况而定？和你的学校董事会讨论这个问题。

基于实证安排进步的优先顺序：哪些方面情况良好，哪些方面需要改进？确保只有一个责任人，不可多人共担权责。定义目标：不需要写在改进计划里。所有会议应围绕改进计划进行。成功的关键要素是什么？你希望达成什么目标？怎样的实证能够反映学校的进步？

数据要能让家长读懂。这就是全国课程水平分数无效的原因；对家长来说"你孩子的地理课评级为5C"毫无意义。如果家长能看懂数据，那么他们就能控制形势。如果你向家长隐瞒真相，那是在谄媚他们。数据必须清晰、透明、可理解。政府现在废除了评级制，这是好事；唯一的遗憾是，他们还未能建立一种制度代替评级制。

那么，那些隐瞒学生成绩的国家究竟做得如何？伯灵顿·丹麦学院最近被刊登在一份挪威校长杂志上，此后我们便接待了好几批挪威政策制定者和教师来访。有一批教师告诉我，在挪威的学校，他们的确让学生考试，但只是为了确保在每个班级里平均分配各种不同水平的学生，当时我很惊讶。学生从来不知道他们的真实成绩！同样在《芬兰课堂》（*Finnish Lessons*）对芬兰学校的一项调查中，萨尔伯格发现考试被减少到"必要的最小限度"，教师的"义务与信任"比问责优先度更高。而书中介绍的其他启示对芬兰教育成功的贡献远远大于不考试的作用。例如，教师在芬兰是一份声望极高、人皆向往的职业。芬兰的学校规模小，教师有大量自由时间；教师必须获得硕士学位；这个国家实质上没有工人阶级；他们的人口少，凝聚力强。芬兰制度的成果如此有声有色，让我们终究很难质疑它，但我们国家的条件不像他们那样宽裕。我认为教师在执教一学期后希望了解学生的进步程度完全是理所应当的。

确立完考试日程，下一步挑战就是要将数据这份财富交到正确的人手上。首先是学生。挪威学生不允许接触自己的成绩数据，这是异乎寻常的。我们希望年轻人拥有自己的数据，因此我们会公布每个年级的学生成绩清单，在考试完毕的一周后张贴在学校的墙面和橱窗里。核心课程会增加权重，因此在英语、数学和科学中获得好成绩比在信息与通信技术学科中成功更有价值。这些排名会吸引无数赞美与批评。需要对他们进行一些解释。14岁以上的学生无法在同一年级按 1—180 名排名，因为他们选择的方向不同。所以关键阶段 4 期间，少部分选择职业课程的学生将不参与选择普通学术方向学生的排名；同样，第六学级的学生有太多不同的单元、模块和课程可选，我们不会尝试为他们排名。相应地，对关键阶段 4 和关键阶段 5 的学生，我们根据他们各自的目标分数以及考取第一志愿大学所需的分数分组排名。公布成绩能让学生获益，但若想反映每个学生个体的需求，就要采取更为个性化的方法。

在关键阶段 3，我们继续实行排名制度，排名已经或多或少地成为伯灵顿·丹麦学院的标志性经历了。没错，所有的学生（极少数学习极其困难的学生除外）按 1—180 名排名。没错，排名张贴在校园各处。没错，公布排名会叫人喜极而泣，同样也会叫人失望落泪，因为学生名次将决定他们被编入哪个班级。经常有人问我这种考查方式是不是太残酷了，我是这样回答的。

首先，我已多次重申，排名总能够反映学生在课堂上付出的努力程度，从而强烈刺激学生努力学习。当学生逐级完成学业时，出生月份之类的随机因素的影响便逐渐消退了（前文曾提及，目前我们七年级成绩最好的两组学生中，有 24% 出生于 9 月和 10 月，而最差的两组中只有 8%。而十一年级的数据则是 23% 和 21%。可见年龄造成的影响逐年减退）。其次，提供更多机会让学生进步很重要，所以那些由于自满而降组的人也有机会改正，从而在数月内回归。教师不能仅仅让学生"必须努力一些"。我们要给出具体的反馈，让学生有能力处理他们心中某门课程最有挑战性的部分。再次，排名考试必须有难度、健全，并且准确评分。因此，在引入排名制度之前，学校要让各学科部门培养一定的专业知识，让它们具备准备、评分和调整出像样的考试能力。最后，也是最根本的一点，无论学生被编入哪个班级，都要有机会取得良好的进步。为了做到这点，我们一方面确保全体教师高度胜任；一方面减少差等人数并为他们增加支持力度。我们水平最高的班级的学生有30人，较差的班级少于20人，并且他们均从助教处获得帮助，让他们加速进步。我们缩小班级规模，把原先每年级6个班分成了7个。所以，虽然我不会大力鼓吹排名制度，伯灵顿·丹麦学院也有其他更棒的特色，但我不认为公开全校所有年级学生的成绩有什么问题。

按能力分班

按能力分班、分流颇具争议，我也知道许多研究显示分班可能只对最优秀的学生有效。我怀疑这些研究是否涵盖了成分复杂的城区学校，这里的学生能力差异过大，一名八年级的教师不得不同时面对写不出完整句子的学生和会解中等教育普通证书考试试题的学生。有些学校可能最好的班级会由最好的教师来教，但我们可以不这样做。我有充分的信心认为伯灵顿·丹麦学院的学生无论被分在哪个班，都能有优秀的教师帮助他们取得巨大进步。

我这样告诉全体教师，他们教课时应该把所教的班级当作能力高一个等级的班级一样教，所有教二等班的教师应该像对一等班一样教课。根据我的经验，这种方式更好，因我们教能力不均的班级时通常会针对中等水平的学生教学。按能力分班符合我们对学生素质透明诚实的做法，同时学生有机会定期表现他们取得的进步，进而升入高一等的班级。

当你在校园里和学生交谈时，会发现大部分学生都很珍视排名带来的清晰反馈。我在职业生涯中无数次看到有教师对学生和家长谎称学生进展良好，就为了笼络学生，避免冲突。坦白说这样是不道德的，是在献媚，是否认学生对自己真实进展的认识。如果学习真的像学校宣称的那样重要，就没有道理向学生隐瞒这些信息，因为如果学生不清楚自己学到了什么程度，就很难取得进步。如今排名已成为伯灵顿·丹麦学院的常态，所以最初采取该制度时造成的冲击，以及它在学校转变过程中的作用很容易被淡忘。我记得以前有个学生叫库杜斯，目前就读于布里斯托尔大学学习工程学。他认为排名制度的到来改变了学校，因为经常提醒你的进展能使你有所行动。排名的公开性使学术素养产生巨大的价值。我在其他地方提到过，学校是处理各种通货的场所，学生悄悄在学校通过体育能力、受欢迎程度、强壮程度和认识对的人获取"价值"。通过公开展示学习成绩，我们支撑起了学习的价值，赞赏在课堂上取得的进步，从而让某些学习之外的不重要的特征贬值。

心理学对排名的力量做过深入的观察。心理学家长期以来都认为我们是通过和他人比较，而不是根据某些静态因素评价自己的。实验结果也是如此，实验显示受试者更喜欢在平均月薪 4 万英镑的公司每月赚 5 万英镑，而不是在平均月薪 7 万英镑的公司每月赚 6 万英镑。这就能解释为何排名有如此巨大的力量：排名显示了学生个人取得的进步与同龄竞争者相比的结果，而不是与抽象基准的比较结果。如果我们告诉 13 岁的孩子，他们英语水平是 5A，科学是 5B，数学是 5C，恐怕不能让他们产生强烈的情绪反应。但如果我们对同一个孩子说，他的成绩是同年级的前 25%，但在上一次考试中有前 20%，意味着有 8 名学生超过了他，这样学生就能查询超过他的那8 名学生的名字，然后他就可能有更大的动力提高自己。允许学生查询超过他的那 8 名学生的名字理所当然，这样会让他们产生更加切身的体会。我在担任方舟学校系统的另一所学院担任执行校长时也引入了排名制度，在那儿同样也产生了显著的影响。讽刺的是，当我丈夫把排名制度引入圣心学校时，我反而有些不确定了。他在南伦敦一所大型男校任体育教学组长时曾经采用过排名制,但当他把排名制度带到圣心学校时,我担心这种方式过于残酷了,我同他分享并解决了上述疑虑。从那以后我便开始支持排名制,认同公示学生成绩的作用。这一制度在伯灵顿·丹麦学院的转型过程中起到了重要作用,至今仍是我们学校的一项重要经历。

让学生拥有自己的成绩数据的好处之一是,能够建立自下而上地努力的渴望,这里我其实在暗示,后进学校可能存在的风险之一,即学生所有的压力都来自上层。告知学生他们的成绩,是为了在学校基层,即学生主体中产生追求卓越的兴趣与热情。这种取得进步的渴望,随后从学生身上垂直向上传递到教师身上,建立起学生、教师和学校的共同利益。学生了解自己的目标成绩、当前成绩,最重要的是,他们了解进步所需要的行动。教学从来不是、将来也不会是一场数字游戏,但如果学生认真考试,教师及时批改,那么我们就能将最有价值的数据送到最能有效利用它们的人 —— 学生 —— 手里。

数据归档之前,会由几位利益相关者审阅。学科组长会仔细查看本学科的趋势。如果需要分析某组数据,他们会将数据输入电子表格,考虑各科所占权重,根据当前成绩预测未来可能的成绩。同时,年级组长会观察本年级的数据趋势,寻找任何与性别、族裔、年龄和经济水平(按是否享受免费学校午餐)相关的变化。我们的特殊教育需求部门会检查有特殊教育需求的学生的进展,最后,高层管理人员负责跟踪与质量控制工作。数据得像激光一样精确,让同事在钻研数据时有足够信息做出推断。

副校长费尔贝恩去年担任十一年级的年级组长时建立了文氏图,可以按年级显示学生进步情况,将学生审查工作带到了一个新高度。他把某次培训中学到的理念移植过来,文氏图可用于显示某集合在不同领域的大概要求进展。文氏图中第一个圆表示数学;第二个圆表示英语;第三个圆表示"其他3科",即要求5科成绩A+—C的中等教育普通证书考试中,除英语和数学之外的科目。如果学生的名字落在圆内,说明他们按目前的趋势在该学科难以取得C。文氏图的妙处在于,它占据了员工活动室的一面墙,每天所有的教师都会看见它。如果数学教师发现他的一名学生落在了表示数学的圆内，他就会知道这名学生的数学成绩比他其他学科的成绩糟糕，从而刺激教师向学生提供个性化支持与鼓励；如果学生落在文氏图中的多个圆内，年级组长必须对学生及其家长加以干预，可能会将学生的名字记录在监测报告上，要求他们参加周六的干预课程。我们同时采用文氏图和我们过去在十一年级采用的，包括将学生用颜色区分学生目标与当前进展在内的其他方法。这样我们就能找出成绩介于 C/D 附近的学生，对那些本该获得 A/A+ 成绩却徘徊在 C 附近的学生予以额外帮助。过去，我们也许只让任课教师尽量帮助自己负责的班级做到最好，而现在我们可以让年级组长将数据综合起来，带领大家对落后于既定目标的学生采取合适的干预，无论学生的目标高低。

为了建立积极进取的文化，我尽量做到严谨而不是严酷 —— 吉姆·柯林斯在《从优秀走向卓越》一书中定义了两者的区别。校长要想严酷对待员工，在他们稍有不胜任或过失的时候就施加压力是件相当容易的事。通常 8 月查看结果时都是欢庆时刻，但每年总有些班级，有时甚至是整个学科表现不佳。我们会抱以严谨的态度，绝不遮掩欠缺之处。员工返校第一天，就会收到关于学生成绩的差值信息，其中会显示学生在他们的学科中取得的成绩与其他学科成绩对比的结果。所以，如果你的课上有一名学生获得了 A，同年级大部分学生获得了 B，若此并非个案，你就会收到正向差值。差值能提供很有价值的信息，因为他们代表了学生取得的各种不同的进步，而不是仅仅关注本学科相对其他学科取得的进步。举例来说，这些数据能让我们总览十一年级 7 组数学课，排除能力因素，找出教学成功与失败之处。这就是严谨，但我们不严酷。我每年 9 月与各学科组长开会，会上他们有机会为自己辩解，减轻权责，比如新手教师、分数边界发生变化。更重要的是，这些会上，学科组长有机会介绍在接下来的一年，他们将如何确保做到改进提高。即使是优秀的教师，优秀的学科组长，也有可能取得不尽如人意的结果，任何职业都要允许人们有机会将事情拉回正轨。

另一种保证教师未来表现的方法是听课。全国教师工会这样形容听课：

过于繁重的听课对教师起不到帮助作用。听课有一项确定的效果，那就是增加压力和工作负担。没有任何其他职业要接受这种程度的严格审查与不信任。教学是为了在每节课上，让每位学习者学到最好。教学不是"为了听课进行表演"。

教师当然不该"为了听课进行表演"，教师工会的论述似乎已经假设"每位学习者学到最好"和愉快接受听课是两回事。资深员工听同事的课时，寻找的是进步感和投入感，正如英国教育标准局听课标准中规定的一样。来看看英国教育标准局对一堂优秀课的描述：

- 应用优秀的学科知识持续挑战和鼓励学生；
- 学生取得卓越进步；
- 教师与学生之间的问答推动课堂考察，其结果为学生取得卓越进步；
- 学生体恤他人并且互相支持；
- 学习环境能刺激并挑战学生。

即使英国教育标准局主任迈克尔·威尔肖爵士也不能指望每堂课都是优秀的，但上述标准中对一名尽职的教师在无人旁观时应尽的职责，很难让人产生争议。所以，我们无须为旁观道歉。我们一般都在每小时的巡视过程中，进行非正式观察。除此之外，每位在校教师每年要接受 3 次正式听课，通常由学科组长或战略领导小组中负责员工工作的成员前往听课。如果某堂课被认定"不合格"，3 周内会安排一次后续听课，一般这种情况很少发生。只有课程多次"不合格"，我们才会启动针对教师的能力认定程序。还是要重申，我感到工会坚持将听课限制在每年 3 次反而对他们的成员造成了损害。工会声称他们是在保护教师自主权和师道尊严，但如果教师每年只接受数次听课，反而会提高这仅有的几次听课的重要性，从而鼓励教师通过"演出"让听课人（通常是战略领导小组的一员）对课程质量作出判断。这样很容易导致听课变成一场反常的游戏，教师猜测听课人希望看到的东西，在那些实行此高风险听课模式的学校，你会经常听到教师说这样的话："副校长来听课了，他喜欢生动的教学方式，所以我尽量让自己的课堂活跃一点。"对生动教学方式的偏爱，同样也有可能是对小组活动、节奏、扩展写作、口语能力或安静的偏好。这件事悲哀之处在于，教师接受听课本应是学校工作中最自然不过的一环，本应触发丰富的对话，让教师更加清楚地认识到哪些东西对自己的课堂有效。但在太多学校，听课变成了烦人的高风险表演，教师试图在这一过程中表演他们心目中的管理。

　　结语：学生成绩是学校的重要通货，因此我们要尽可能令它自由、公开。

第六课 将学生视为独立的个体并提供个性化干预

有什么能阻止我们帮助这些孩子？

本书开头曾引用尼采的话："大国的公共教育总是平庸无奇,同理,大厨房里端出的饭菜往往乏善可陈。"这句话反映了我们在公共教育中努力反抗的东西。任何公共服务都容易提供"一刀切"的做法。相反,直到最近,英国学校都在排行榜制度的影响下这样做,排行榜会披露获得 5 门及 5 门以上 A+—C 分数的学生人数,因此学生考出 C 和考出 A+ 对学校来说价值相等。于是许多学校把精力集中在成绩在 C/D 附近的学生身上,忽视了其他大大超过或远不及该基准的学生。因此,持重的校长有责任建立一种文化,创造一种制度,灵活满足每个学生需求。本课将探索所有优秀学校都应该追求的个性化干预。

在干预一课的开头,我们有必要认清,中产阶级家长自孩子出生起就对他们进行评估、监测和干预。在小学高年级阶段尤其明显,许多家长开始对孩子的成绩感到焦虑,常常会为了准备重点中学入学考试请私人家教。这又一次证明中高阶层家庭的孩子与贫困家庭学生相比较少依赖高质量公共教育。作为后进学校的校长,我们有义务保证来自贫困家庭的学生也能接受和较富裕儿童接受的司空见惯的个性化干预,并形成常态。

辅导员的作用

伯灵顿·丹麦学院的辅导员是件重要工作。

辅导员的主要任务是：

- 与学生建立并保持团结互助的关系；
- 与学生、同事、家长和外部机构之间建立联系；
- 监测成绩，为学校提供便利；
- 支持并拥护你负责的个别指导小组。

具体工作包括：

- 点名／通知／当天幻灯片；
- 奖励：例如表扬优点；
- 撰写报告，家长会；
- 监测成绩／复习和个别学业指导；
- 监测出席情况；
- 教个人社会健康与公民教育课；
- 在活动时间内组织学习，特别是扫盲学习和辅助阅读；
- 处罚：例如纪律管理／出席／迟到；
- 了解虐待行为：例如身体、心理、性；
- 强调学校纪律：例如校服；
- 鼓励课外活动：远足、俱乐部、奖励派对；
- 检查学生的记事本；
- 年级评议会／学校评议会；
- 支持学生的努力，例如音乐会、活动、成果；
- 了解青少年与儿童心理。

创建个性化支持文化从确保我们认识并关心全体学生开始，让每个学生都有一位能倾听他们心声的成人。对大多数学生来说，那个人就是他们的辅导员。由于年级组长的地位，人们有时会忽略辅导员，但辅导员是学生和家长联系的第一人，优秀的辅导员会对学生产生重大影响。优秀的辅导员会主动关心他的学生。他会要求学生将记事本拿出来，检查作业是否正确记录，他还会用每天监测并记录班级的成绩（因为我们大多数班级，包括辅导小组，每天要上的课是一样的，一名班级成员把日记本带到每堂课上让任课教师填写，一天结束后辅导员就能大概了解班级全天的表现了）。辅导员也会用学校数据库跟踪个别学生每天的优缺点。每天结束时，孩子回到辅导室与已掌握他们当天表现的辅导员见面，能让他们感到欣慰。忙碌的教师很容易忽略辅导员的工作。与需要备课的教学工作相比，辅导工作比较自由，这也可能导致人们忽略其准备工作。但对专业人士而言，无论你给他们什么工作他们都能做好，我们的辅导时间总是一段丰富的反思与讨论时间。作为校长，我密切关注辅导员是否让他们的学生感到骄傲。排行榜不会显示上述因素，它们可能不会成为业绩管理的目标，但我渴望自己的团队拥有能够主动关心自己负责的小组的辅导员。

伯灵顿·丹麦学院辅导员检查清单

- 是否指示你的队伍按点名顺序迅速走到规定位置？
- 是否排队时，协助你的值日领导？
- 是否校会日上将点名册带给值日领导？
- 是否检查室内校服 —— 记录需要电话联系家长的学生名单？
- 是否检查室外校服 —— 没收非校服外套 / 围巾 / 帽子？
- 是否前后巡视队列，确保你的队伍安静地站着听公告？
- 是否带队进教室时，保证学生排成两路纵队安静行进？
- 是否检查所有学生都把记事本放在课桌上（签名和作业）？
- 是否点名？
- 是否完成点名 —— 定义与拼写 / 时间表 / 当前任务 / 默读？
- 是否讨论当天幻灯片 —— 在日记本中作记录？
- 是否在辅导时间内，收集缺席记录？

其他通知：

- 是否举行积极学习讨论 / 设定学习基调 —— 随后去上第一节课？
- 是否通过内网勾选辅导员的优缺点？

第 1 节课至第 6 节课：

- 是否走访可能发生问题的课（若有空），尤其是曾发生违纪的课？

- 是否检查所有记事本是否都放在课桌上 —— 翻到正确的那一页？

- 是否确保作业已正确放置 —— 结果与副本？

- 是否检查日记本 —— 祝贺获得表扬的学生？

- 是否填写日记本内的表格 —— 印章？

- 是否检查日记本内的消极内容 —— 检查学生的违纪情况，由指出违纪的教师对其做出处罚？

- 是否检查留堂名单并向学生展示？

- 是否带学生去执行 2 小时留堂？

- 是否安静地放学 —— 放回椅子，一排一排地离开？

当我们认识了所有的学生并能个别协助他们，就能开始对学生个人需求的干预项目。个性化干预中最让我感到自豪的特色或许是肯定式指导。指导范围包括十一年级到十三年级的全体学生（分别是中学阶段最后一年和第六学级教育阶段），他们能接受一位高级员工的指导。基于当前成绩，任课教师为班上学生预测每月一次的最终成绩，允许导师每月与学生讨论一次关于目标与预测值之间的差异，制订消除差距的计划。我指导 6 名十一年级学生和 4 名十三年级学生。这一制度的奇妙之处在于，它完全专注于学生的个人表现。他们的目标分数是根据过去的成绩确定的，而预测分数则由每个人的任课教师提前几天做出预测。因此，如果有学生本应拿到 10 门 A+，却在预测中取得 A 和 B，就会引起我们的注意，我们会采取紧急应对措施，就像对处在全国标准 C/D 分数线附近的学生采取的措施一样。整个学年，预测和会议每月举行一次，让我们能及时做出反应。在最坏的情况下，肯定式指导能确保教师与学生定期注意到个别学生的进展 —— 这本身没什么坏处；最好的情况下，它能引领具体的、定制化的干预，由导师主导，让学生通过与教师或家人讨论，制订出改进计划。会议中，学生会从导师手中收到一张贴纸，他们将贴纸贴在记事本上。再次重申，干预是为了将正确的数据交到正确的人手里。

肯定式指导

每 6 周，十一年级和十三年级的学生就要在伯灵顿·丹麦学院接受一次"肯定式指导"。这是我们在学生接受考试之前跟踪监测他们的战略方法之一。想法来自一名战略领导小组成员参加的一门课程。我常常觉得它有点像是定期健康检查。

肯定式指导完全植根于数据：来自期末考试的预测数据与实际数据。因此它十分专业、专注，类似商业。会议包括宣布最新预测结果，指出变化以及询问学习障碍。导师（都是高层同事）通过与同事合作、课程帮助、在学生上课时间访问课堂以及为订正提供方便，尽己所能地帮助学生克服这些障碍。举行会议的"窗口期"为 3 天。因此，对学校日程的潜在影响能减到最低。每轮肯定式指导都会获得各学科部门会议的支持，学科部门会议会查询并"深入研究"数据，确保全体学生都达到目标。导师跟踪每场会议并在随后的战略领导小组会议上互相汇报。

如果能将信息传达给导师，让他们与学生进行讨论，那么肯定式指导会议会更加有效（因为，更重要的是，教师将推动学生在各自学科上取得进步）。

任课教师向导师提供的信息有：

• 即将到来的考试 / 评估 / 作业；

• 关于课堂作业、家庭作业、态度、备考情况、作业完成情况、错过期限、期末考试成绩不达标等问题的担忧；

• 干预措施已经到位，但被指导人未参加 / 未回应的情况；

• 任何重大成功；干预行之有效，学生过去未达标但现在已达标的情况。

假如文氏图和彩色表格是对学生进行干预的前沿手段，那么放学后、周六和假期补课就属于加快学生进步的较为初级的手段。我偶尔会对补课心存疑虑，担心它会造成依赖，让学生不相信他们能靠自己在家或在图书馆学习、复习；另外，我也认为数学教师应当好好利用与学生在课堂上相处的

200 多个小时，而不是在上课时间之外再把学生叫来。最近一次员工咨询活动显示，教师们担心我们的干预文化已经让教师压力过大，以至于要付出额外的时间来保证学生的成功。无论在课堂上或在整个学校范围内，探究教师和学生谁更努力总是相当有趣的，如果我的员工感到他们负担了学生成绩带来的全部压力，而不是和学生共担这份压力，那我也和他们一样感到不舒服。把我们近年来提高考试成绩的成果单纯认为是教师投入加班时间，而不是学生获得更多技能与更丰富的学习体验，会令人灰心沮丧。在这场员工咨询之后，我们开始取消部分干预政策，让干预回归其应有的作用，即在特定领域提供有针对性的额外帮助，而不是"重复和课堂上相同的内容"。我们已经和各学科组长一起评估了他们的课程教学情况，例如，确保十年级学生进度能跟上十一年级水平，这样就能挤出十一年级的上课时间专心准备考试，而不是在课外时间备考。我们也努力提高关键阶段 3 课程的严格程度，如此，想在关键阶段 4 成功就会较少依赖于课程结束前的高强度查漏补缺。最后，我们正在培养学生的复习能力，让他们学会备考，而不是寄望于依赖教师。

优秀成果 ——通过设计，而不是巧合来实现。干预、评估与移交

伯灵顿·丹麦学院有许多专为确保学生学习而设计的中等教育普通证书考试干预策略。

学习：

• 上课 / 可控评估　学生与家长收到清晰的标准，了解获得 C 以上分数所需达到的要求。

• 备考　全部课程适时完成，让教师有时间上集中复习课和进行模拟考试。学生了解如何解决任何一种类型的问题。

• 找出获得 C 以上分数所需的关键技能 / 方法　教师精读评分标准与考官报告，找出每个得分点。

• 提高课　注重周六、假日和放学后的干预课。

• 学生导师制　所有关键年级的学生都由一名员工负责指导。

数据分析与目标群体：

去年，十一年级被分成5个班。根据被分入的班级，学生接受定制化支持，并在升入高一等班级时获得奖励。

• 浅绿　有信心拿到5个A+—C（含英语和数学）且达到目标分数；

• 深绿　有信心拿到5个A+—C（含英语和数学）但达不到目标分数；

• 紫　有信心拿到5个A+—C（不含英语和数学）；

• 红　不看好——可能拿不到5个A+—C（含英语和数学）；

• 橙　学习刻苦——能拿到5个A+—C（含英语和数学）；

• 粉红　英语和数学能达到要求但另外三科达不到要求。

增加所有参与者的权责：

• 战略领导小组　严格管理各学科部门，确保准确预测且按时完成课程；

• 家长　通过家长会、手册、复习指南、报告、增加电话联系、家校通信、短信、电子邮件等了解情况；

• 学生　通过公开排名获取动力；

• 员工领导　领导所在学科的干预工作，确保教师和班级之间保持一致；

• 任课教师　通过高质量教学让学生保持正常学习状态；通过严格的考试跟踪学习进展。

短期"边际收益总和"：

可以是考试当天提供免费早餐；临考复习讲座，充实的时间表，免费饮用水；任何看似微小却能帮助学生做得更好的事。

当然，课堂才是最有用的手段。备课、教学、批改作业；优秀的教学终能收获优秀的成果！

就算再有疑虑，我也无法否认补课的盛行程度，它是干预活动的一大支柱。我允许教师对周末和假期的额外课程收费，只要他们能说清目的并有学生愿意参加。事实显示补课是有效的，特别是复活节期间、5 月长假以及即将迎来期末考试的夏季周六。补课的主要内容是复习，可能是针对某些学生需要提高的某一特定内容，这使补课产生了平时正常上课时所没有的目的感。因此，总体来说，我为我们的课后干预工作感到自豪。

校长工作中最恼人的部分是做出永久开除某位学生的决定。这种决定十分郑重，因此我几乎很少做出这样的决定，但我在伯灵顿·丹麦学院期间，每 5 年总要开除 1—2 名学生。在校长介入之前，学生会接到过失警告、周五留堂、周六留堂、停课一学期以及大量寄往学生家庭的通知。他们也会获得辅导员和年级组长的帮助，会持续被列在检测报告上一段时间。唯一的例外是，当学生犯下极端严重的过失时，例如携带毒品或武器，或在学校燃放烟花 —— 每年都可能发生的潜在威胁，幸好现在已经有好几年没发生过了。我总是希望让学生能继续上学，我会充分利用较轻微的处罚，例如"转校"。即家长同意让自己的孩子转去该区域的另一所学校。校长在互惠的基础上做出此类安排，有时重新出发确有其效。这样的做法并非总是可行的，家长也并非总是配合的，令校长陷入硬着头皮权衡个人得失与集体利益的境地。

做决定的难度超乎想象，当学生在你的办公室里冷静地辩解时，你会倾向于看到他们最好的一面，结果反而迷失方向。你不得不提醒自己坐在这里的孩子对其他学生造成了多大的影响。同样，权衡是否开除学生的过程常常会将孩子的背景暴露在你的面前，他们几乎没人拥有一个有爱、稳定、理性的家，那种我们希望自己孩子拥有的家。我不断问自己"这些孩子身上有哪些东西在阻碍我们帮助他们？"在这种焦虑之上的，是一种在被中学开除后对未来严峻前景的认识。在我们镇子，开除通常意味着这些学生将在当地的学生收容处（PRU）继续学业。学生收容处由尽职尽责的员工管理，但这群在过去的就学经历中受到打击的问题学生，很少获得应有的矫正训练。被开除的孩子常常回来看我们，甚至被开除好几年后都会来到校门口，也许是等待他们的朋友，也许是等待他们的兄弟姐妹。这种情况下，他们的态度很难改变我对被开除者未来前景的担忧。所以，当我偶尔做出这种决定时，我的心情十分沉重。就在我写这一段话时，我的眼前浮现出我说出开除决定时的情形，一般都是孩子和家长在我面前哭泣，哀求着想留在学校。我总是力图向这些脆弱的学生伸出橄榄枝，但我又必须坚决地将整个集体的需求放在第一位。每次都会给我留下痛苦的失败感。

幸好，每个被开除的学生背后，都有 10 个被挽救的。有一位学生从七年级到十一年级都在我们学校，然后在 2009 年我们开设第六学级后继续留在学校。他很聪明，但不愿配合学校的要求，第六学级的头一个学期，第六学级的年级组长决定开除他，因为他没能满足穿校服和尊重教师这样的基本要求。听说被开除之后，这名学生来我的办公室见我。就如字面上所说，他乞求我们留下他，我们都明白如果他就此离开，他将基本没有可能完成学业了。与平时仅在走廊上与他相遇的教师或年级组长不同，男孩的任课教师对他评价很高，对他离开后的前景表示相当不安。因此，我推翻了第六学级年级组长的意见，允许他继续留校，现在我很高兴他已经在一所相当不错的大学学习哲学了。前面我提过，我们在某些方面执行严格的规章制度，例如迟到，但一旦涉及改变人生的重大决定，例如拒绝学生就学，就不得不考虑从轻处理了。这位学生的家庭生活有点儿微妙，最终我很高兴我将他的需求置于执行第六学级规章制度之上，这让第六学级的年级组长感到制度受到了破坏。这是作为校长所面临的一例棘手决定，校长不得不在其中平衡学生和学校的需求。

还有一位令我记忆犹新的女孩，她在学校完全控制不住自己的脾气。我记得有一次被叫去走廊，是因为她在大发一顿脾气后拒绝离开大楼。在校外，她也在警察那里惹了麻烦，有一次还因为袭警被捕。女孩被指控有罪，最后在脚踝上戴着一个电子标签回归了学校。我们通过鼓励和频繁联系来帮助这名学生。她会定期来见我，告诉我她隔了多久没发脾气。她的排名一路高歌猛进，最后取得了非常优秀的中等教育普通证书考试成绩。戏剧化的是，她加入了实习警察团队，当时实习警察每周两晚来学校见她，似乎她是在他们身上找到了归属感与自豪感。在我办公室里有一张她和在青年犯罪法庭主持她案件的法官站在一起的照片。那是在女孩成功完成社区服务要求后拍摄的，笑容灿烂的她和法官留下了这张动人的照片。

第三个，也是最后一个成功案例中发生了太过戏剧化的转变，几乎可以拍成好莱坞电影了。我引用《每日邮报》（Daily Mail）的文章讲述亚瑟的故事："我对上学毫无兴趣。我上十年级，我知道老师觉得我在中等教育普通证书考试的所有科目中都会不及格。我不在乎。我经常逃学，一旦我在学校出现，我会在课堂上捣乱，只是为了好玩。有些老师尝试告诉我，我的脑子挺好用——但我不在乎。我没有自尊，没有野心，我认为我的人生一钱不值。"

2008 年 6 月，发生了两件事。最开始，亚瑟因为持有毒品被警察逮捕，隔日即将开庭。很快，向他提供毒品的上家来要债了。亚瑟付不出钱，他们就用一场可怕的报复泄愤——在校门口堵截这位男孩。亚瑟说："当我走出学校时，大概 12 个人朝我扑来，都是些 18 岁左右的人，记得他们把我揍倒在地上时，我想'完了，我要死了'。我被踢到没了意识，我模糊地记得躺在谁的怀里，然后我就在医院醒了过来。"

亚瑟当时上十年级，他在学校门口引起了这么大的麻烦，我很不愿意让他回来上学。我在攻击发生后的一周见了亚瑟和他母亲，他向我保证他会改好，他不能忍受再次对他母亲造成痛苦，他决定专心学习了。我允许他回来了，前提是由我担任他的导师。亚瑟恪守他的诺言，他不断进步，直到他升入第六学级被选为班长时，达到了巅峰。

这三个故事的共通之处在于，每个故事里的年轻人都显示，他们有意愿做出改进并用积极的行为弥补过去的破坏性行为。作为学校，我们要做的就是个别对待每个案例，在规章制度说要对学生关闭大门时，给他们留一线机会。同样重要的是，每个教师对这些年轻人要显示出信心，从繁忙的日程中抽出时间，向他们提供个别帮助与鼓励。教师很少有机会看到自己的工作成果，尤其是那些无法通过考试折射的东西，比如个性和行为。但任何学校，只要它们招募真诚关心他人的教师，将年轻人当成有潜力提高的独立个体对待，就能确信学校能影响学生做出转变，创造这些条件则是校长的任务。

法国教师丹尼尔·佩纳克在他的著作《学校之郁》中回忆自己被百折

不挠的教师拯救的经历:"那些拯救了我的教师……他们是冒着风险面对青少年的成年人。他们认定这是紧急情况。他们跳了进来。他们失败了。他们又跳了进来,日复一日,年复一年……最后他们把我拉了出来。很多其他人都是这样得救的。他们硬是把我们拉了回来。我们欠他们一条命。"拯救佩纳克的教师培养了他对文学的热爱,经过 40 多年的教学工作,我知道帮助孩子最好的办法就是帮他们找到他们热爱的、擅长的东西。我们用各种方法帮助他们。我们鼓励教师分享对自己学科的热情。我们提供大量课外活动 —— 如果下一个安迪·穆雷来到了伯灵顿·丹麦学院,他绝不会缺少接触网球、学习网球的机会。最后我们鼓励教师发现学生的潜能。所以,当教师上课时,坐在后排的男孩若是敲打课桌扰乱课堂,教师要通知他每周桑巴鼓俱乐部的时间和地点!听起来很简单,但孩子通过发现释放活力的渠道而获取的信心、自尊和自律很快就会传播到他们其他的努力方向上。

结语:无论学校规模多大,我们都要足够灵活地应对每名学生的个人需求。

第七课　创建明晰的制度与组织结构

你不能教训我 —— 我是丹麦学校的学生,而你是伯灵顿的人。

高级副校长迈克尔·黎布顿第一天来伯灵顿·丹麦学院上班时,在走廊上遇到了一个男孩。那男孩扔了一团垃圾,"你不能教训我,"男孩说,"我是丹麦学校的学生,而你是伯灵顿的人。"男孩话里提到的分裂状态是当学校转型成学院时,曾经采用过的"小学校模式"遗留下来的问题。七年级是第一个实行学院制的年级,八年级和九年级分成伯灵顿和丹麦两个学校,而关键阶段4则是一个单独的小学校。这种模式只是纸上谈兵,实际上造成了进一步的混乱;学生像前面的男孩一样,如饥似渴地利用这种混乱。整个学院的组织结构晦涩难懂。似乎年级组长专心教学,而"学习总监"则在处理纪律问题。同时,每个小学校的校长,只是名义上的校长,没有实权。导致这种混乱的官僚阶层是因为领导者加入新体系结构时,没有移除原有的体系。结果混乱可想而知,于是我没有别的选择,只好摧毁、打破这些体系结构,然后从头开始建立协调的组织架构。

学校组织顶端,至少理论上,是我的战略领导小组。我说"理论上"是因为我信奉仆人式领导,我相当仰赖我的战略领导小组来执行日常工作,并支持点缀在校历上的大量晚间活动。战略小组成员每天值班2小时是惯例 —— 早晨在校门口20分钟,课间20分钟,午间50分钟,最后放学后在校门口半小时,因为我们希望学生迅速安静地离开。这是每天固定的两小时,除此之外,他们可能会在一天内巡逻至少一堂课的时间,通常还会代一节课。我的5名助理校长至少有40%的时间花在教学上,4名副校长每周教学时间在8—11小时,这样他们有更多的时间支持全校工作。战略领导小组值班减轻了教师负担：大多数教师每周只值班 20 分钟。课外活动也是战略领导小组的一大负担。音乐会、音乐、选择之夜、戏剧演出、颁奖、公开之夜和家长会贯穿全年，临近期末时尤其频繁，特别是圣诞节和暑假之前。就拿我在写这一课前一周举行的圣诞节音乐会来说，那天晚上冷得要命，那是一场 100 多名学生参与的波特剧场演出，门票售罄，是我们的战略领导小组（和部分学生）守着校门，查票、管理演员休息室并分送点心。无怪乎他们有时会提醒我，SLT 中的 S 表示战略。尽管经营学校 99% 的工作都是操作性的，但他们仍然接受这一点，因此他们自愿提供服务。几年来，伯灵顿·丹麦学院的战略领导小组关系越发紧密，尤其因为我们共度了大量时间。我们每天早晨 7:45 聚集在我的办公室里，在去参加员工简报会之前交流当天安排。他们已习惯我在晚上或周末给他们打电话、发电子邮件或者发短信。我的要求很多，但他们知道我欣赏他们的努力，并且在看到他们在其他地方获得升职时我会十分自豪。

我在任命某人进入我的高级团队时，通常是为了留住某位关键人物，否则他会离职去其他地方。教育行业的机会从未像现在这么多；年轻教师也从未像现在这样进取！我猜这是我们提高工资吸引顶级毕业生进入教育行业的结果。除去这份实际担忧，战略领导小组的每位成员都能获得其他员工的尊重，并且显而易见他们需要在学生面前有一个强力的形象，这一点很重要。他们也得是优秀的课堂实践者。随着教师不断晋升，他们花在课堂上的时间变得越来越少，这一点不言而喻，然而教与学仍旧是每个在学校工作的人最基本的任务，如同面包和黄油对人来说一样基本，因此我们的领导团队迫切需要在教室教学。身处这一级别，诚实与正直也是极其重要的。我们在战略领导小组会议上的谈话内容必须保密，即使这个人与组织中其他级别的员工有婚姻关系也不能透露。我们每周举行一次 2 小时的战略领导小组会议，每天早上要举行战略领导小组每日简报，而在周中，我会与高层团队进行多次私人对话。这些对话使我能够个别管理每位高层领导，根据他们的个性调整我的方法。不用说，有些人喜欢赞美，有些人喜欢鼓励，有些人喜欢批评，有些人则只要自己的工作价值得到认可。我努力让高层团队里的每个人都感到自己有价值，就像教师在课堂上让学生感到自己有价值一样，设法让高层团队做到最好是我的职责。我喜欢让战略领导小组成员在工作中拥有高度自主权。每位高层领导都对关键领域负责，例如我们有一位副校长负责管理教学、课程计划和员工培养。给他自主权就十分重要，因为一旦拥有了自主权，就会对结果负责。我还有另一个诀窍，密切关注学校生活的细节有助于令高层团队保持诚实积极。

伯灵顿·丹麦学校是如何运作的？——500 词小结

校长创造出高期望值的文化并以其要求学生（在家长的支持下）与员工。要求学生每天身穿规定校服准时到校。哪怕迟到几秒，他们也受到当天留堂一小时的处罚。如果学生没有正确穿着校服，将会被送回家。在课堂上，要求学生勤奋且有礼貌，在下一堂课之前完成家庭作业。未能完成家庭作业将要接受我们每天都有的集中管理式留堂。

要求教师准备有难度、有吸引力的课程；专业、自豪地管理班级；培养学生对学科的热情；布置有意义的家庭作业并按时批改学生作业，提供的反馈要有助于学生进步。教师按他们对学生的认识调整方法，学生认为作业太难或太简单时要布置不同难度的作业。

数据在学校走向成功的道路上始终起着重要作用。学生未能达到目标分数时，将接受监测并获得额外帮助。教师在负责班级未能取得预期成果时同样会受到监测并获得帮助。针对学生与教师的监测和支持都是以认为人人都能成功为前提的。

我们支持学生在考试中取得成功。为此，我们每年在学校为每门学科都定期举行正式评估。评估结果能让我们根据学生成绩为他们分班。我们相信，提供如此多样化的支持方式，是满足学生需求的最佳途径。学生有足够的机会换班级，且垫底班级的规模更小，从而有利于助教帮助他们。对关键应考十一年级、十二年级和十三年级，我们提供单独指导并在放学后、假期以及周末开设干预课程。

学生周围将围绕着关爱与支持，以及综合性的旅行、俱乐部和特殊活动。我们的内部系统支持并提高士气。我们的辅导小组每天与同一名教师联系，提供一次探讨近期事务的机会并且培养学生公民意识与个人健康意识。日常校会带来归属感。贯穿全年的特殊活动，例如慈善周和交叉学科项目，让学生有能力、有信心深入理解学校以外的世界。

以上全部做法会带给教师不小的压力，因此我们希望招聘有志于影响学生人生的教师。我们在员工中培养强烈的集体感，例如我们的每日员工简报会，每天由不同员工领导反思环节。一支主动的领导团队不知疲倦地确保组织中的每个齿轮咬合良好。我们将不断努力进步。

在组织管理学中，有一项被称为"150 定律"的流行理论。作家马尔科姆·格拉德威尔，在他的畅销书《引爆流行》（*The Tipping Point*）中介绍了这项理论，令其广为流传。"150 定律"认为，构成组织的人数小于等于150 人时，组织最具活力。格拉德威尔说："150 是人们能够与之建立实质性社交关系的最大人数。"他以史前社群、宗教组织和军队的传统单位规模为证，还列举了符合"150 定律"的成功的现代公司，如戈尔公司（戈尔特斯防水面料的生产厂商）在达到这一规模时便成立分支组织。格拉德威尔论证道："组织规模在该人数以上时，个人忠诚度不再重要，而同伴压力也开始分解。"然后，他将该理论应用于学校："如果我们想发展位于欠发达社区的学校，令其有效抵消周边社区的有害氛围，那么这个理论告诉我们，建设多所小规模的学校比建设一两所较大规模的学校更好。"简言之，"越过 150这条界限只是小小的变化，却能产生巨大影响"。

"150 定律"近年来的确颇受教育界的青睐。在美国，"小学校模式"运动大力宣传亲密学习社群所带来的益处，这一模式恰与宪章学校的迅速发展相契合。宪章学校 —— 社区自治学校 —— 主要在美国贫困社区从零开始建设，通常通过接管现存建筑，如空置办公楼或废弃社区建筑来节省启动费用。"150 定律"很适合它们。在英国，大量现行自由学习试图通过限制入学人数来提供更加个性化的学习环境，部分方舟系统的学校也同样基于"小学校模式"。其中位于南伦敦的环球学院令人印象深刻，它们在网站上写道："'小学校模式'对学生和他们的教育来说有其独特的优势。在规模较小的学校，每名学生被看作单独的个体。学校按学生需求调整教学方式，跟踪学生成绩并在有必要时进行干预。'小学校模式'让学生和家长／监护人熟识学校员工，产生安全感和家的感觉。"

　　我来到伯灵顿·丹麦学院时，学校采用的是混合模式，其中关键阶段 3 分为两所学校（约 150 人），名为伯灵顿学校和丹麦人学校。我立即改变了这种做法，用更传统的年级制取代了"小学校模式"，同时采取传统方式按学科分部门。因为我认为，有效的学校组织结构应该反映学校位置／设施和学生人数。考虑到伯灵顿·丹麦学院所处的位置，达到 800 人的学生人数（现为 1 150 人）以及 110 人的员工人数（现为 150 人，其中教师 95 人），将学校分割成独立的"校园"并不现实（两校间从未有过物理隔断）。八年级学生也许属于伯灵顿学校，而不是丹麦人学校，但他依然要在广阔的校园中上课（科学实验室和艺术教师这类专业教室很难整体搬迁），他在课间休息和午休时间依然要和其他"学校"的学生一同度过，因此破坏了人人相互认识，关系亲密的小学校的某些优势。将现存的员工整体分割成 4 个独立的学校令教师更加晕头转向。过去属于某个部门的数学教师，突然成了"伯灵顿学校的数学教师"或"丹麦人学校的数学教师"，造成时间安排上的困难，也破坏了我们希望在学院部门内培养的"袍泽之谊"。"小学校"解决时间安排问题的办法一般是让一名教师教好几门学科，因此教师可能同时教历史、地理、宗教和他／她的主学科数学，这种方法违背了我们所希望推广的学术高度专业化。因此，我认定"小学校模式"不适合伯灵顿·丹麦学院的需求。这个例子或许正好说明，学校组织结构不该由次要因素支配全局，同时提醒我们，学校不该墨守成规，而要适应学校所处环境带来的挑战。

　　每个部门由学科组长领导。几个部门组成一个系，由系主任领导。例如，历史部隶属人文系。高层团队的每位成员分别管理一个系，形成支持与权责的双向通道。此传统模式鼓励各部门孵化出优秀、专业的课程教学。每天，全国范围内都有几百名教师在教授关于繁殖的生物课，而他们使用不同的材料，采用自己偏爱的方式进行教学，这真是件怪事。更加令人警醒的是，即使在同一所学校，教师也会各自为战，不与部门同事合作。因此，除了建设员工活动室，我们也为各部门建立了基地，培养部门内的团结互助精神。我鼓励教师们在课堂上做自己，按自己的风格调整教学，但合作能让他们收获更多。例如，当检视八年级的 7 个班级时，发现所有班级都在解析《麦克白》中的同一个段落，那该多么令人感动啊。当学生有大把机会转班时，接受统一的课堂教学显然益处良多。最近几年，在城区教育中，经常听人们谈起"学识"——培养对学习与严肃学术研究的爱好。它从植根于各自学科部门的教师中萌芽：各领域专家拥护各自的学科。有些学科部门会自豪地公布进入大学继续学习该学科的学生名单，因此漫步伯灵顿·丹麦学院时，能在不同的走廊获得不同的感受。

战略计划

"在明智的战略指导下，各项行动都是增强的。各项行动都能创造更多互利选项。每场胜利都不仅仅是为了今天，也是为了明天。"

中层领导是学校的发动机。还是按阿图·葛文德在《检查表宣言》中的精神，外面设计了各学科部门领导必须完成的关键任务。

伯灵顿·丹麦学校中层领导检查表：

按学生与教师分组分析中等教育普通证书考试分数

冬季学期：SIP 评审。

• 是否完成上一年的业绩管理，开始部门内员工本年度的业绩管理？

• 是否每半学期至少举行 4 次学习漫步（全年）？

• 是否监测展示、打分、家庭作业、优点与过失、员工业绩不佳情况（全年）？

• 是否安排听课计划？

• 是否确保为每个年级的主要考试准备复习指南，交付"小学校"校长？

• 是否按学生与教师分组分析中等教育普通证书考试分数（原文重复）？

- 是否春季学期　准备复习课 / 干预课 / 撰写全部复习指南？
- 是否 AIP 发布时，评审你的 SIP 并重写（AIP/SIP 意思未知）？
- 是否举行业绩管理文档年中评审？

夏季学期：组织临考复习。

- 是否为下一年准备新时间表和新员工安排？
- 是否进行工作方案评审？
- 是否部门工作手册评审？
- 是否预订下一年度所需的教材教具？

这是很难做到的，我曾阅读阿兰·W.肯尼迪的《阿尔法战略，理解组织中的战略、风险与价值》，他在书中指出："如果工作中的每一天都让你感觉像周五一样，你就是在按自己的意愿行事。"我想这是个崇高的乌托邦式的目标，从教学的无情本质来看，我们的大部分周五都是特别甜蜜而愉快的。

部门领导的角色因而十分关键。他或她作为学科部门代表，在我们的开放日和颁奖活动上用热情推广自己的学科。更通俗地说，部门领导要对自己下属团队的教学质量负责。包括创建相关课程、开发有吸引力的教材、撰写严谨的试卷与评分标准，还要协助员工进行课堂教学工作：最重要的是培训实习教师，如来自教育优先的实习教师。部门会议贯穿全年，约 3 周一次，会上部门领导与大家分享意见并培养合作氛围。部门领导也会在团队成员的教学上花费大量时间，提供发展辅导与指南。这是一项艰巨的任务，我将这项任务交给了一些经验相对较少的同事。我们的历史、英语、职业指导、数学以及科学的学科部门领导都只有 20 多岁，这显示出我们员工的活力以及在城区学校为有雄心、有才华的教师所准备的机遇。它符合我对全体部门领导提出的坚守模式，即用有热情、有目标地领导所属学科，可以期望这批部门领导在 8 月的成果日里走进你的办公室，将他们的业绩与目标进行比较，与其他学科进行比较。

居中领导：中层领导需要具备哪些能力？

英国教育标准局来访时，我的中层领导们称自己是"学校的发动机房"。我很喜欢这个说法。他们做好准备工作、在部门内成为优秀教学的榜样，并且通过严格的自我评估提前准备战略计划。许多人都已经掌握迅速制胜的艺术：在部门内提供饼干、茶和咖啡；会议开头由一名团队成员领导大家分享一个教学小窍门，通过部门通讯节约宝贵的会议时间用于讨论战略项目（让会议更加简短、积极）。

人民投资者是一项值得一试的活动：你需要找到组织每一阶层所需的全部能力，从而让员工看到更加透明的晋升通道。

我们共同定义了我们心目中中层领导需要具备的能力：

• 在对话与演讲中完全支持并贯彻学院愿景；对同事做出清晰的指示；

• 根据学院要求，专业地培养团队中的员工；

• 激励并赞扬他人，使其进一步推进学院的成功；

• 随时挑战和激励同事；

• 高效备课；

• 自我评估，了解员工优缺点，为准备工作提供进一步的信息；

• 彻底理解全国教学安排，尤其是英国教育标准局的要求；

• 正直地回应同事的担忧；

• 遵守时限；

• 成为优秀教学的榜样；

• 在学院范围内成为其他同事的职业榜样；

• 具备高度财务"敏锐度"；秉承最佳价值；

• 以学生为重 —— 注重提高成绩的日程安排；

• 本班级在考试中取得或超过目标成绩；

• 学科部门在考试中取得或超过目标成绩，或至少有证据显示为达成目标采取了广泛的定性行动；

• 尽量减少同事间的负面影响，积极追求合作，在他们所领导的团队里从容地拥有权威，制定高期望值并积极解决问题，从不过分消

极 —— 热情与快乐对所有人都很重要；

- 做出决断时，从学院全局出发考虑问题；
- 领导业绩管理；
- 指导新员工入职；
- 发现职业发展需求；
- 显示出分析能力、人际交往能力和组织能力，团结队伍；
- 具备深厚的"多任务"能力，"习惯"多问题并发；
- 解读数据，分析数据并依据数据行事。

最近学校有一种趋势，即采用垂直辅导小组模式，这样所有辅导小组都能包含各个年级的学生，通常是七年级至十一年级的学生。我不提倡这样的模式，因为它会打破学校最自然、最基础的构成：年级。同年级的学生在七年级的夏天一起进入学校，他们共同度过各种具有仪式感的片段 —— 合宿旅行、九年级分科、中等教育普通证书考试、学校舞会 —— 随后一同在十一年级或十三年级时离开学校。因此，年级便自成一体，成功的年级组长会在整个年级成长的过程中培养他们、塑造他们。想在学校中建立手足意识会遇到许多障碍，我感到放弃年级会让这项挑战变得更加艰巨。

学校生活最基本的格局之一就是每天的活动安排及其时长。考虑到课堂的紧张程度，我们为学生安排了宽松的午休时间，这一安排与传统学院模式吻合，学生在正午可以休息 50 分钟。这种做法看似显而易见，但的确有学校用两段等时长的较短的休息时间代替午休。我们有位来自克罗伊登某学校的助理校长，在那里，学生 11 点起休息 20 分钟，下午 1 点起休息 20 分钟。放学时间为下午 2:30。该学校（当时的）校长给出的理由是，大多数打架或恶性事件都发生在午休时间，因此他们要压缩在校时间，同时减少可能有违纪事件发生的自由活动时间。这种处理纪律问题的方式是绝望的，短视的，你可知道，1 000 多名年轻人每天刚过中午就放学，这会在当地社区中产生多少额外的麻烦。

让 1 150 名年轻人和 100 位教师在 50 分钟之内吃完饭是一项巨大的挑

战。更复杂的是，伯灵顿·丹麦学院的食堂是为原伯灵顿学校的女学生建造的，她们的人数连现在学生总人数的一半都不到。场地拥挤，因此我的高层团队每天都需要进行精细化管理。副校长唐尼女士在食堂外维持队伍秩序，费尔贝恩先生分批喊学生进入食堂，同时分发塑料杯子，学生要用它喝桌上的南瓜形大水壶里的水。与此同时，财务总监迈厄斯先生在取餐区保持队伍流动，学生在那里购买午餐，随后和朋友一块儿坐到家庭式餐桌上就餐。伯灵顿中庭也在上演类似的情形，掌舵者是助理副校长莫里斯女士和马戈奇先生。我们最有经验、工资最高的员工竟要每天管理食堂（其余高层团队成员要在全校其他重要地点执勤），这或许有些好笑，但为了解决让每个人都能从容不迫地、有秩序地吃完饭这样的运营难题，我认为这又是合理的。

我来到伯灵顿·丹麦学院后不久，我们就从当地议会手中取得了食堂的所有权。根据最初的学院协议，我们购买了少数几项地方政府服务，餐饮服务就是其中的一项，但它符合我的观点，学校就像一个大家庭，我希望掌控食物的供给，我们现在已经管理自己的餐饮服务 4 年了。我们不强制学生从食堂购买食物 —— 我们也提供野餐桌和室内区域，让自带午餐的学生用餐。我要自豪地说，我们的付费系统是靠扫描学生指纹实现付款的，不会让领取免费学校午餐的学生感到窘迫。我很羡慕规模较小的学校能有更多空间，让学生在午休时间享受家庭式用餐氛围。例如，我们方舟系统内的友校所罗门国王学院，它们的午休安排很棒，学生和员工几个人一桌，互相添菜，然后清理桌面后一起离开。相比之下，我们的午休时间更为紧张忙碌，却也让大家有机会在紧张的学习期间放松玩乐一番。

在我结束关于学校日程细节的反思之时，有必要停下来思考一下最近教育界逐渐开始流行的延长在校时间制。从美国的奇普宪章学校到我们自己的方舟学院，似乎加长平均在校时间成为希望低收入家庭学生取得进步的"必需品"。延长在校时间的好处显而易见：学生和教师之间的接触时间轻易变长，让低收入家庭学生聚集的学校有机会填平成绩的鸿沟。伯灵顿·丹麦学院早上 8:30 上学，下午 3:50 放学，每天可以参加课后俱乐部活动。我们也允许学生放学后使用校内体育设施，留在图书馆或写作业专用教室里学习。然而延长在校时间真的是消除成绩差距的良方吗？我本能的直觉是，首先在有限的正常的在校时间内令学习机会最大化；其次去寻求延长时间的解决方式。对于简单地通过增加时间来解决问题，我总是相当谨慎的，就像新手教师为了努力掌控自己的课堂，可能会整晚不睡觉，修改备课计划，结果却发现昏昏欲睡的他在课堂上的影响力反而减弱了。我会鼓励学校在延长在校时长之前，先仔细审视在现有在校时间内能否有所改进：学生在全天的哪个时段进步最大？上课时长是否已经在丰富学习的前提下最优化？每堂课平均有几分钟浪费在管理 / 进教室 / 出教室上？若学生在现有的 6 节课内并未取得多少成果，那么寄希望于第 7 节课或许相当乐观。

若不探讨学校的基本单位 —— 班级的规模，关于学校组织结构的课便不完整。传统观点认为班级应该越小越好，因为师生之间会发生更多接触，让教师能够回应每位学生的个人需求。很难从原则上否定这些好处，但上课的目的值得我们考虑。例如，在重大考试之前，我们有时会将整个年级带到大礼堂，进行所谓的"分散学习"，通过视觉刺激和重复灌输知识，中间定时穿插休息。这种形式是课堂活动，无所谓教师面向 5 名学生还是 105 名学生授课，只要每名学生都能清楚地看见屏幕，听见教师的声音即可。教师与学生之间不发生互动。显然这是一种非常特别的活动形式，但却引出一个问题，传统的一名教师负责 20—30 名学生是否总是理想的分配方式。缩减班级规模是极其昂贵的方法，最近还有一些证据显示，由优秀教师负责的规模较大的班级反而比由较差的教师负责的小班成绩更好，尤其是小学以上阶段。我们大力投入缩减班级规模 —— 最好的班级有 30 名学生，而较差的班级有 20 人，我们的第六学级平均每班人数仅 10 人 —— 不过我倾向于在这方面灵活些。这份灵活最近经受住了考验，在距新学年只有 6 周时，我们发现缺少一名地理教师。于是我们征用了一间大教室，让两个十年级班级上地理课时合并成 50 人的班级，由经验丰富的地理教学组长斯通女士执教。斯通女士获得助教的协助，当我走访她的课堂时，学生取得的巨大成就深深打动了我。这只是一项仅仅为期一个多月的临时性措施，却提醒了我班级人数其实不必遵守"30"这个神奇的数字。

加入连锁学院的益处

在我眼中，公立学校趋于腐朽往往是受到下列影响（排序不分先后）：

- 糟糕的领导力；
- 缺乏资金；
- 低期望值；
- 员工斗争及其不妥协行为；
- 糟糕的成绩。

连锁学院会带来一定的挑战与支持，它们也同时存在于部分地方政府开办的公立学校中。

相对来说，连锁学院是教育界的新生事物。学院绕过了失败的公立学校，为校长们带来改造学校的机会与自由。在此过程中，财务起到重要的作用；通过连锁集团的形式，可以将金钱集中起来，分配到最需要的地方。而地方政府并不具备这种灵活性。人力资源也能以同样方式得到管理与分配；发展、指导和培养人才库，随时派人支援或领导新加入集团的学校。另外，连锁集团形式也相当适合行政化领导：加强本校领导力。他们有不同的治校模式，可以磨炼校长领导力。推广"品牌"也很重要：一支强大的社会宣传队，例如，让员工聚集在事件背后，体现集团的精神与价值观。总的来说，我认为正是由于"保证质量"，才让连锁集团与一般地方学校区别开来。

优秀的赞助商会挑战并鼓励他们的学院更进一步。

至此，我以自己的角度概述了一名校长自上而下地审视学校时，学校所呈现的组织结构。但显然权责是双向的，当我向上看时，会注意到我必须对其负责的两个至关重要的组织：本校董事会和方舟集团。就从方舟集团开始吧，稍显讽刺的是，我们常常说转制为学院能带给学校更高的自治度，而对我来说却正相反。我离开圣心学校时，学校已经在南伦敦确立了其成功学校的地位。因此，伦敦南华克镇几乎对我们完全放手，允许作为校长的我采取任何我认为合适的举措。因此去方舟集团的学院意味着要去习惯方舟对其旗下学校的审查制度。这不该被当成批评：恰恰相反。为方舟集团工作的最大好处就是深植于集团骨髓的进取文化，并且这种文化流淌在他们的所有工作中。方舟致力于将这种文化用在每所方舟旗下学校的每位学生身上，主要是关键阶段 3 的学生，他们要在这个关键阶段提高 6 级（数学要提高 8 级）。这远远超过了国家提出的在关键阶段 3 和关键阶段 4 共计提高 9 级的要求。这些进取目标带来了巨大的影响，关于学校表现优秀与否的说法全部牢牢扎根于学生数据。从其他学校新加入我们的教师有时会感到震惊，例如，他们注意刚过半个学期后学校对八年级英语的审查非常严格。而其他学校的八年级，甚至整个关键阶段 3 的成绩都会被忽视。

在方舟旗下的学院工作有另一项好处，我们能够利用集团内外的人物关系。方舟是由成功的金融家建立的，他们与商界、传媒界以及娱乐界都有强大的联系。我很喜欢代表学校建立关系网 —— 我认为这是校长的职责之一 —— 方舟集团的关系网让我有机会邀请很多重量级人物来伯灵顿·丹麦学院访问，有超级联赛足球运动员和主席，也有好莱坞明星，有伦敦市长，甚至还有首相。学生从他们的来访中获得了巨大的自豪感，我们也得以与部分重量级人物发展关系，建立实质性合作，包括提供大学助学金和企业实习机会。方舟集团按需为学校提供支持，因此在最初的几个月，我获得了大量人力资源等方面的帮助，但随着时间的推移，我们不再那么依赖他们，与集团合作的焦点逐渐变成了每半学期一次的监测访问，对学院来说，这些访问就像定期健康检查一样。若我否认我的个人偏好有时会与总部决策相悖，便是在说谎了，例如又一次总部为旗下所有学院统一选择了一家 IT 供应商，但涉及重大问题时，我喜欢和方舟集团保持密切关系，同时我也高度评价集团对我们的严格审查与高期望值。

方舟学校系统

方舟是一所教育慈善机构，运营一系列学校，致力于消除差距。在英国，方舟集团在伯明翰、黑斯廷斯、伦敦和朴次茅斯等地运营 31 所学院，为 17 000 名年轻人提供教育。每所方舟旗下学院都有自己的精神与特色，但它们有共同的使命：为每个孩子提供最好的开端，一旦时机成熟，他们就能进入大学或选择喜爱的职业。

最初，方舟由一批金融界慈善家设立，现在方舟合理使用来自知识、经济与政治等各界投资，通过慈善活动大力回报社会。方舟用最好的人参与学校运营，或与他们认为较好的慈善组织合作。批准资金投入之前要经过数月辛勤调研 —— 通过深入研究确保投资有所回报。只有达成目标才能继续保留资金。

伯灵顿·丹麦学院是方舟系统第一所学校，开设于 2004 年。在工作中，方舟始终保持一种信念，即每个孩子都能在适当的鼓励、教学和帮助下释放自己的潜力。"没有借口"的文化渗透于学院的运营方式之中，巩固我们的工作。他们协助并培训董事，领导 CPD，监测数据并每学期执行"英国教育标准局式"访问（有时会突击访问）。方舟也通过人力资源工作协助我们，管理新闻发布和公共关系工作，并且只在学校工作方向出现问题时进行干预。

就像所有的优秀领导者一样，他们创造活力与容量。方舟对我们严格要求：方舟在目标制定过程中根据全国前 50% 学校学生的成绩，以及进步最快的前五分之一学生的数据提出要求。方舟要求"所有"学生在关键时间节点取得最低预期成绩：关键阶段 3 结束前取得英语 5B，数学 6C 的成绩；16 岁之前取得中等教育普通证书考试英语和数学考试 C 的成绩。

对董事会的分析要从董事会主席斯坦利·芬克勋爵说起。2006 年学校转型为学院时，他承诺从个人财产中捐出 200 万英镑，从那时直到现在，他一直都是伯灵顿·丹麦学院最忠实的朋友。当我写下这段话时，我刚好收到斯坦利发来的短信，邀请 12 名即将去参加作文大赛的学生到上议院，作为奖励。这样的事在斯坦利勋爵与学校之间早已司空见惯。斯坦利这位被称为对冲基金行业"教父"的人，对城区教育拥有惊人的智慧，同时对成功还有天生的直觉。他的父亲是一名杂货商，他个人的境遇在取得曼彻斯特文法学校奖学金的那一刻起发生了巨变。在我校一次颁奖典礼的演讲中，他暗示了他的慈善机构背后的动机："有幸登上巅峰的人们有义务为还在底层的人们放下电梯。"我极其感谢斯坦利先生这些年来的支持，尽管他慷慨解囊，还提供丰富的人脉，但我最看重的还是他对我们的指导和鼓励。

而董事会的其他人，我又要说，我必须学习应对比我在圣心学校面对的董事会更加强有力的队伍。圣心学校的董事会主体多数出自学校社群，有家长，有教师，也有学校的左邻右舍，而伯灵顿·丹麦学院的董事会主体虽然也包括这些角色，但更多的是来自各机构的管理者和领导，他们擅长从微观层面检验学院的运作情况。这当然理应如此，我也欢迎他们尖锐的提问与丰富的建议。安德鲁·阿多尼斯在讲话中提到学院时抓住了强力董事会的重要性："独立性很重要。但应该以优秀的董事会为主，独立性为辅，而不该只有独立性，这是学院别具一格的特色。"

我们学校组织机构的立足点是权责。阳光是最好的除菌剂，学校组织结构有一个压倒一切的目标，那就是为学校工作的方方面面取得成功提供便利。因此，我的个人助理管理办公室员工，财务经理负责食堂团队，而我们的学术工作则靠前文提及的制度跟踪。也就是说，我们必须正面解决问题，避免问题被踢皮球。每学年开始时我都要提醒战略领导小组，如果他们遇到问题，就应该处理问题。在年度伊始高层员工就向校长抛出问题，不仅对校长不公，同时也破坏了高层领导的信誉。因此，如果助理校长指出某学生破坏学校财产，我会希望他领导后续工作直至完成，他的工作包括会见家长和制定合理的惩罚。在学校的各个级别，这都是一项基本原则。我们致力于创建健康的、全面的纪律管理制度，用系统的、一贯的方式协助全体教师。但现实是，只有教师在课堂上负起责任并在学生面前树立威信时，学校才能运作。如果他们要求高层团队的协助，我们会尽力支持他们，我们也很乐意用语言安慰学生，或给学生换班冷静一段时间。但很快，学生还是要按课程表回到原来的教师那里。或许那一刻，教师已经给学生家里打过电话，或在走廊上遇到过学生,或许发现他们在其他课上的一些好的行为,或单纯只是微调座位表,以满足那位学生的特殊需求。一群坚定的、对自己教室中发生的事情负责的教师,才是最强大的学校的组织机构。

结语:即使没有晦涩难懂的制度与组织结构,学校也已足够复杂:保持简单。

第八课　培养百毒不侵的文化与校风

愿爱与尊重每天与我们同在。

关于校风

形成"积极校风"是每一位校长的目标，但这意味着什么？有些校风可以清楚地在政策、文件、目标口号和聚会中表达，但有些校风则很难用文字描述。校长要站在第一线，为大家做出榜样，告诉大家学校应当如何运转。

我认为下列现象代表积极的校风：

- 学生愉快并取得成绩；

- 教师与员工有强烈的成就感；

- 公平地对待学生；

- 员工、学生和社区之间的关系积极向上；

- 极少发生霸凌现象；

- 具备生动、创造性、包容的氛围，认同多样性与不同的能力和需求，能带来身份认同感与归属感；

- 教师鼓励学生。

这就能看出校风在后进学校起到的作用了；在这只管控纪律、设定环境的无形的手之下，学生还能健康成长。如果学校所在地周边社区已经能提供这样的环境，学校就能轻松一些，只需让当地良好风气直接渗入学校即可。而大型、综合性城市里的学校并没有这样幸运，于是这就需要我们搭建温室，削弱外界影响，保护我们的孩子不受风霜雨雪的侵袭。我们每天都在做这样的事，装饰、行为推动和积极沟通。校风是人们对学校的感受，对每天都在学校工作的我们来说，对校风的敏感度会逐渐变得迟钝，因此我们依靠来访者的评论来了解自身，同时我们也提醒自己，比起在那10%需要努力才能遵守校规的学生身上花时间，为剩下90%的学生准备优厚的环境是一项更大的挑战。校风不可能从一所学校直接移植到另一所学校。校风必须真实反映员工与学生的特点，也要符合当地社区特点，甚至符合学校的历史。每天走访聚会是我检验校风的一块试金石。

最近几年，我们不仅能将街头习气拒之门外，还主动将校内的价值观传播到当地社区。每天放学时，高层团队成员都有计划地站在社区内可能发生冲突的地点：炸鸡外卖店门口（我们禁止学生进入那家店）、繁忙的街道转角以及拥挤的公交车站。他们就像可见的提醒牌，告诉学生校内的规矩同样适用于校门之外。四邻投诉学生在街头游荡的话，我们视为紧急情况，与发生在校内的违纪同等处置，学生在公共交通工具上的行为也是一样。学生明白，只要穿着我们的校服，就要遵守学校的要求。我们希望这样做能让我们的价值观跟着学生一起走出学校的大门。

放学后的执勤被某些意外打断也是常有的事。或许是过去的学生或某人的哥哥来，找老对头解决恩怨。或许是一场发生在我校学生和其他学校学生之间的对峙。我们学校位于繁忙的大街上，不得不说，令人难过的是，每隔几年都会有一名我校学生被卷入交通事故。此类消息让校长满心忧惧。我记得有一次，一名九年级女生站在车站等车时，被反方向开来的卡车侧视镜撞到头部，晕了过去。还有一次，一名七年级男生在跑向公交车时被汽车撞倒。幸好车速很慢，男生没有受重伤。

有一次，我正在办公室接受BBC的采访，谈论我对最新发表的教育政策的看法。我的个人助理脸色惨白地跑进来对我耳语："我们一位女学生在公交车站被人用刀刺中了，她被安置在食堂，救护车正在来的路上。"我冷静地向BBC员工表示抱歉，径直去了食堂，支撑自己面对即将看到的情形。我知道所有目光都会集中在我身上，无论情况多严重，我都必须保持头脑冷静。我抵达餐厅时，医护人员和警察已经到场。我再三确认，伤者坐在那儿，很快他们告诉我，凶器是一把剪刀，伤口并不深。女孩的母亲一到，我便安慰她，看着母女两人上了救护车，想到伤不算太严重，我们不会出现在报纸头版，我才放松了下来。这起事件只是以下面这个标题登上了当地报纸的内页："伯灵顿·丹麦学院外发生手持剪刀互殴事件。"

2011 年 1 月，校门外发生一起意外时，需要叫医务人员来处理伤势的反而是我。我走在伍德街的水泥人行道上去看发生意外的学生时，被石头绊倒。当时血就从我的额头和鼻子上流了下来，但我立刻意识到我手臂上受的伤令我更为疼痛，我没法从水泥地上站起来，很快就被担心我的学生围住了。医务人员很快就来了，我被送到医院，结果医生发现我的手肘骨裂了，从我的手臂里取出两块碎骨头。遵从医嘱，我在家休息了两周，偶尔让团队成员来看我，让我和学校工作保持联系。更不用说在我缺席期间伯灵顿·丹麦学院上演的种种了。

这些年轻教师日程排得满满的，我认为他们做着学院里最有难度的工作。他们每天都要对 180 名年轻人的行为负最终责任。让我们用 180 这个平均数，可能其中三分之二的学生都很少惹麻烦。在另一极端，可能每个年级有 5 名左右的学生要花很大的力气才能跟得上。这些学生若非生在这个时代，就要被送去"特殊学校"或少管所，但现在却进入了我们这个主流学校。剩下的还有 55 人。我们把他们分成两类，一类是喜欢主动违纪的人；一类是当被推向错误方向时偶尔加入违纪行为的人。我知道这种分类看起来很粗糙，但我试着定性地分析各年级潜在的不可预知性。想象一下，如果我们讨论的是成年人，你要每天对 180 个成年人的行为负责。我领导着超过 150 人的团队，我能证明每天都有几个人会遇到麻烦需要特别关注 —— 可能是由疾病、疲惫、丧亲或关系破裂引起的。

因此，我在任命年级组长时都会有一定的压力，因为我知道他们比任何人承担的压力都大。每天承担 180 个年轻人这样的重责十分消耗精力，我非常钦佩他们所做的工作。当然对有能力处理压力的人来说这是个很不错的职位。年级组长是一个年级名义上的领头人，有权利看着同一群孩子从 11 岁成长到 16 岁（我们的年级组长会与学生一起升级）。即使最严肃的年级组长也会和他所负责的学生建立极其亲密的关系。甚至这在学生有可能被开除时形成矛盾源。因为比其他教师更了解学生，了解学生的背景，年级组长通常非常维护他们的学生。当面对棘手的开除问题时，学生有人维护是件好事——根据全校的需求做出艰难抉择就是其他人的事了。

任命年级组长时，我选的人首先要能强势对待纪律问题。如果一个班级能觉察教师的弱势，那么整个年级显然也能觉察年级组长的弱势，不仅因为年级组长永远不能丢掉他们的"全神贯注的面孔"——他们必须准备好随时处理学生的意外事件。其次我会选洞察力强，足够圆滑，能应付精明家长的人。年级组长对在该年级就学的学生家长来说是学校的门面，因此年级组长必须熟练地黏合教师与家长。再次申明，一天之间随时都可能需要这份技能。我们鼓励家长事先与员工预约，但他们直接出现在接待处，要求与年级组长见面的情况也很常见，除非正在授课，否则他们都会尽量接待。我需要优秀的纪律主管同时具备熟练的沟通技能，但如果我们止步于此，那么我们的年级组长能做的不过是确保学生在家庭和学校合规而已。因此最重要的是，我希望他们能注重细节，拥有分析能力，能跟踪学生的学术进展，在有必要指出成绩不足的情况时出手干预。最后，年级组长必须对所负责的年级拥有强烈的自豪感，这种自豪感必须能传递给学生群体。年级组长讨厌被单独批评。他们像家长捍卫家族名誉、酋长捍卫部落荣誉一样捍卫自己的团队。当然他们也会批评自己负责的年级，但他们不希望任何其他人这么做。年级组长是重要职位，我们曾撤除过一两名年级组长，因为他们的工作情况不理想。

任命年级组长的乐趣之一是看着他们发展出自己的领导风格，他们的风格不可避免地传递到他们看护的学生身上。在任何领导岗位上，真实都很重要。随着职业生涯的进步，你当然会做出适应——作为英语教学组长，我曾不得不比自己做任课教师时更加严厉，但我也见过一些优秀的任课教师，错误地认为担任年级组长要让自己变成另一个人。关键是了解自己的长处并善加利用。如果教师因为严格与善于管理纪律成为成功的任课教师，那么他们的特长也会帮助他们成为称职的年级组长。但如果教师在教课的过程中形成培育型、支持型的特点，同时学会了温暖与幽默，那么成为年级组长后采取严肃的举动显然会造成失败。学校生活如此紧凑，人与人之间的接触如此频繁，虚伪便成了重罪。年级组长从办公室走到教室这短短的时间内也总会看到各种状况；或者是被赶出教室的脸色忧郁的女孩，或者是宣称自己生病的脸色苍白的男孩。年级组长在各个角落都可能遇到些状况，需要冷静的大脑，迅速的决断，温暖的笑容，犀利的口才，有忍耐力，并且有时能对某些事视而不见。这是对人类灵魂的真正考验，看着年级组长在这个职位上发光发亮是身为校长的幸事。

所以，我希望年级组长有自信做一个真实的领头人，并有足够的坚忍负担 180 份希望与梦想。伯灵顿·丹麦学院有幸拥有优秀的年级组长。十年级的年级组长阿金布尔女士在所有学生进入七年级之前的那个夏天，通过他们小学时期的照片记住了所有的人。从学生进入中学的第一天起，她就强调礼貌的重要性，4 年过去了，她的学生一直都在为别人扶门、在种种情况下保持礼貌方面做得最好。十一年级的斯蒂芬森先生小时候曾上过伯灵顿·丹麦学院，毕业已有 15 年，至今仍生活在这个社区。这让他在学生面前拥有巨大的个人资本，他也很好地利用了它们，让他负责的年级充满自信与个性。我进一步要求年级组长为学生成绩提高负责，这样他们就不会觉得自己被困在单纯的教导工作之中。如果他们能形成这些技能，在他们成为年级组长 5 年后就能成为称职的高层领导。他们已经在他们所负责的 180 人规模的学校里成功做到了校长的职责。

在本课话题结束之际，我们有必要认可沟通的力量。我不喜欢称为"公共关系"，因为批评家会立即质疑学校是否需要涉及公共关系，但我认为担任校长便意味着要成为学校的啦啦队长，主动与各界交往，宣传我领导的社群。我在本文前面提过，只要学生在意，他们的学校就应该成为世界上最棒的学校，我也相信，积极沟通有利于加强这一点。

如何让学生为学校感到自豪？

让学生相信自己的学校是世界上最棒的学校，那是校长的职责。有几点很重要：

· 包容性是关键：成就感能消除失败带给学生的挫败感。

· 行为同样重要。突访课堂、在走廊上执勤、在课间与午休时与学生交谈：每个战略领导小组成员都要出现。

· 员工与学生之间的积极关系：制止大声喊叫、微笑、感兴趣、投入、倾听。把学校看作家一样，培养团结与集体精神。

· 确保以学生为重，而不是员工：学习第一。无论是什么样的谈话，每次与学生交谈的核心都是"学习"。确保所有学生都了解如何在每门学科提高自己。也要与家长沟通这一点。

· 集体体育项目、辩论、拼写比赛和戏剧演出：任何能让学生团结的活动，能纵向汇聚（不同年级）学生更好。这样的活动也能在校内复制：辅导小组内部竞争、学社竞争、年级组间的竞争。

· 公共关系：每周向当地新闻部门提供一则正面新闻：请高层团队的一名成员负责这项工作。也要让学生积极发声。

· 环境：组织学生打扫学校，并以抽奖券为奖励——由"绿色团队"负责此事。关注细微之处：不让环境变糟；绘制壁画；每天打扫、清洁和整理；在地毯粘到口香糖时及时更换；每个节假日重新装饰学校。

· 也要严格要求学生的打扮：穿校服是一种荣誉；保证正确穿着校服，保证学生明白，穿上校服，他们就是学校的代言人。如果在开始领导学校之际对其略作修改就更好了！

· 照片：在全校范围内展示学生面带笑容、获得成绩时的照片——提高自尊心很好。要求某些人负责展示工作，为他们采购好的相机。

· 要培养良好风气，传统很重要：我们在"荣誉栏"里展示第六学级学生考进的大学；请他们回到学校，介绍大学生活。校友组织，时常来学校做座谈等工作会有很大的帮助。

· 出版物：我们有一份名为《狮鹫格里芬》的双年刊：介绍学校发生的新闻，免费发到学生家中。我们每周还向家长发送家长新闻。

· 每天在校门口向学生问好，保证放学后有战略领导小组成员在当地社区巡视半个小时。

· 展示优秀作业。

· 特别日或特别周：我们有多年级学生混合参与的交叉学科项目，以学社为单位，学习"民主"、伦敦奥运会、环保问题等主题；还有体育周或数学周。

· 通过广播或早晨列队庆贺任何成果。所有的学生都喜欢听到：例如在早晨的简报会上，由体育部门宣布在体育方面取得成功的人的名单。

· 作为学校社群向外延伸：慈善周、高龄市民茶会和舞会、在社区进行志愿者活动（我们有"社会行动"周）、为无家可归者募捐。

· 同学之间互相指导有助于培养合作精神。

我刚到伯灵顿·丹麦学院时，学校只有一份相当粗糙的简报，每周一次送到家长手中。我请作者扩展简报的内容，并开发学校主页，通过信件、电子邮件和短信更加频繁地与家长沟通。这样做的目的不仅仅是传播信息，我希望宣传每周在校内发生的好人好事，点亮积极的光芒。迈克尔·黎布顿，我的左右手，为简报撰写刊头寄语，同时在科茨表彰栏上表扬我在本周注意到的好人好事。偶尔我也要表扬学生理事会，或某个具体的班级，但更多的时候我会特别表扬本周发生的具体善行。

负责简报和主页的同事，很快成了助理校长，现在也负责我们的外联工作，包括越来越频繁的媒体关系工作。学校不是商业，我也不想花过多的时间和精力在公共关系上，但每个组织都会从向外部世界传递强大印象的过程中获益。虽然缓慢，但我们也获得了稳定可观的新闻曝光度。我们 2010 年夏天的成绩登上了《富勒姆纪事报》（*Fulham Chronicle*），标题是"前特殊措施学校取得史上最佳成绩"。我们甚至在入围全国性奖项评选但最终未获奖的情况下获得了正面报道："虽与大奖失之交臂，但伯灵顿·丹麦学院依然引人注目。"其他在当地著名报刊（免费向大部分学生家长发放）中的报道标题包括"伯灵顿·丹麦学院（再次）获得出色的 A 级评级""拳击帮助伯灵顿·丹麦学院青少年重回正轨""伯灵顿·丹麦学院学生被赋予奥运会特殊使命""美国青少年为伯灵顿·丹麦学院在中等教育普通证书考试中获取的成功喝彩""伯灵顿·丹麦学院举杯揭晓 AS 年级成绩之际，青少年为之兴奋"以及"伯灵顿·丹麦学院继取得惊人中等教育普通证书考试成绩后又培养少年神童进入大学"。这样的公开报道围绕着学校，我喜欢在集会或与家长见面时说一句话："大家都在谈论我们学校，大家能看得到学校发生的事，我们也知道通过共同努力，我们能让学校变得更好。"

培养正面媒体报道是值得的，因为负面新闻总会偶尔出现一些。为了公平，我很愿意分享两条最近几年的不怎么正面的新闻（尽管你在我们的网站上可能找不到它们）："学院为莫西干发型发生争论"以及前面提到过的，"伯灵顿·丹麦学院外发生手持剪刀互殴事件"。随着我们成功的消息逐渐传开，我们在《金融时报》（The Financial Times）《太阳报》（The Sun）《独立报》（The Independent）《标准晚报》（The Evening Standard）《每日电讯报》（The Daily Telegraph）《泰晤士报》《卫报》和《旁观者》（The Spectator）上均有正面报道。我们也欢迎电视媒体，包括半岛电视台、独立电视新闻、天空新闻台以及英国广播公司（BBC），其中最后一家媒体与我们合作无疑是因为地处伍德街与我们比邻而居。首先必须有正面故事可讲，然后才能设法刊登，迈克尔·戈夫、尼克·克莱格、戴维·卡梅伦和埃德·米利班德的评论提高了我们的地位，我们十分自豪的一点是，我们从一开始就庆祝了我们的成绩，这对我们接听电话、接待记者有所帮助。

当周五中午学生每周通讯送抵我们邮箱的同时，迈克尔会通过电子邮件发送本周员工快报，他从第一周就创建了这份快报，如今每周五都会按时出版。这份快报简单，但又极其重要，列出未来一周的日程安排、一周关键词、一周主题以及一周经文，内容在一年中轮流采用。快报总是包含一项教育元素，可能是突出本周听课过程中发现的一些优秀做法，或英国教育标准局最近提出的某些建议。我们还在快报中涵盖了《蝴蝶》（Butterflies）栏目，提名两名学生，希望员工在接下来的一周内找机会鼓励并表扬他们

（栏目名称取自蝴蝶效应，意为少许赞美之语从长期来看也会产生巨大影响）。我们尽量挑选安静、胆小的学生，他们很容易被掩盖在城区学院的迷雾之下。

结语：创建积极的学习文化，令每个学生都能成功；与街头规则截然相反。

第九课　培养学生全面发展

我们应当搞清楚谁了解得最深，而不是谁知道得最多。

最近我参与了一项名为"16岁青少年更有可能拥有智能手机而没有一名常驻父亲"的调查研究。面对此类事实，培养学生各方面的能力远比单纯教出成绩好的学生重要。历史学家本诺·穆勒·希尔写过一篇有趣的文章，《最终解决方案的理念与专家的作用》（*The Idea of the Final Solution and the Role of Experts*），内容是关于参与1942年万湖会议的约15名部长与高级官员的学历。文件草案上有16名当时德国体制内高官的签名，共计16个签名，其中恰好一半的签名人拥有博士学位。类似地，43%集中营官员是硕士或博士。宣传部长戈培尔拥有3个博士学位。的确，他的受教育程度很高，但并没有在道德、伦理或精神层面。排行榜往往关注学术指标，但没有一个自尊自爱的校长会忽视培养学生全面发展的难度。因此，我们对成绩的追求永远不能脱离培养学生有责任心、成熟、有同情心的，能将聪明才智发挥在健康而富有成效的追求上这一挑战。从学校走出来的学生必须接受过广泛、全面的教育，对自己和他人敏感。仅仅成绩好是不够的。学校对"全面"教育学生说得很多，但却仅仅指导他们通过考试，而几乎没有给他们一点儿时间思考方法论。性格教育并不会以牺牲学术教育为代价：它能加强学术教育。

"人性"是我们招聘员工时希望看到的品质

人者，人所见者也。——人不过是与他人交往中显现的形象。

"人性"是为人的根本。它表示我的人性是合格的，与你的人性紧密而不可分割。我认为人是因为我有归属属性。它代表完整性，它代表同情心。

有人性的人是热情、好客、温暖、慷慨而又乐意分享的。这样的人开明且愿意帮助他人，愿意显示脆弱，肯定他人，在他人能力优秀的情况下不会感到受到威胁，因为他们知道自己属于更伟大的集体而从中获得了恰当的自信。

他们明白当他人被羞辱时，他们也会变弱；当他人被压迫时，他们也会变弱，当他人受到不公平待遇时，他们也会变弱。

学术能力与社会能力发展之间的相互作用是复杂的，这一点任何家长都明白。信心具有传染性，如果我们能找出一件孩子喜爱并乐在其中的事，要不了多久，从中产生的自信就会传播到他们生活中的其他方面。最近，我与 12 岁女孩劳伦谈话时，让我又想起了这一点。她创造了本校违纪次数的最高纪录，由于长期无法达到准时到校和完成作业这样的基本要求，她濒临开除边缘。劳伦进入七年级时被编入第 2 梯队，但八年级末时，她掉到了第 4 梯队的末位，成绩几乎还停留在她小学毕业进入本校时的水平。她在我面前瘫坐在椅子上，嘟囔着应付我的提问，显然她缺乏任何形式的动机或动力。倒是她的父亲，坐在她身边，说劳伦周末会去踢足球、烤蛋糕，和她的小弟弟们玩耍。她在家中也负责处理技术性问题，帮助兄弟和父母解决电脑或手机故障。劳伦每天早上骑着轻便摩托车进校门时，把这方面的个性特点都丢在了家中，以将要接受迟到处罚而闻名。她解释说，她经常把体育课装备留在家中是因为她不喜欢在其他学生面前换衣服。迅速改变人的行为模式是不现实的，但一旦发现问题并同意以某种应对的情况下，我们不该低估人进行自我改善的潜能。我请劳伦的年级组长与她的教师联系，要求他们悄悄找出她值得表扬和支持的方面。我也在送她离开办公室时交给她一份课后俱乐部项目表，鼓励她加入科技俱乐部。我们预约了学校护士为她制订饮食与锻炼计划，我还让她的体育教师鼓励她参与体育课。现在认定劳伦已经作出改变还太早了，但我毫不怀疑，如果她能保持她曾表达过的更加积极参与学校活动的意愿，那么过不了多久她在班里的努力和分数也将得到提高。

学生的自尊

在内城，许多学生本身的家庭由于种种原因，已经在制造压力和自卑了。自卑会影响学生在课堂上参与或冒险的意愿。

我们作为校长的任务是建立学生能够成功的教室。这个话题很大，但对我来说很重要：我不认同那种学生在军阀式教员的管理下，怯懦安静的高度军事化学校会成功。相反：

· 学生在情感上（身体上）必须感到安全：没有霸凌、嘲讽、诅咒和侮辱。

· 校园和教室里应当弥漫着冷静、关爱的气氛。这会鼓舞学生尝试新事物，并在这个过程中了解自己。

· 要有强烈的自我认同（这是我们在学院张贴大量照片，并在学校杂志上刊登照片的大量理由之一）。

· 教师与学科之间必须有关联，一种真实的归属感与强烈的忠诚感。

· 比如让学生有胜任感。

· 要有目的感 —— 甚至使命感 —— 这会让学习有意义、有方向。

情商与自尊有密切的联系。情商良好的学生：

· 自信 —— 我们要以此为基础，帮助学生找到成功的方法，不仅是学术成功，还有社交成功。

· 好奇 —— 即使与学术工作无直接关联的领域，我们也应该探索概念并鼓励独立学习。

· 有目标 —— 等级与分数，是的，但在其他方面也要有目标：你的学校是否定义过，学生应当以怎样的形象毕业？

· 自制。

· 深刻理解周围发生的事。

· 沟通良好 —— 不仅能沟通事实与信息，也能沟通感受、恐惧和想法：事件意味着怎样的机遇？对课堂有何影响？

· 合作 —— 我们需要提供机会，同时鼓励独立与依赖。在这方面，
"圆圈时间"是宝贵的工具。

在伯灵顿·丹麦学院，我们让部分人从踢足球改玩橄榄球，以提供
独立作业的机会！

劳伦和她的同学能接触到 40 多个午间和课后俱乐部。每位伯灵顿·丹
麦学院的教师都对课外活动有所贡献，或加入某个俱乐部，或带领自己所教
学科的课后干预课程。俱乐部包括每天午休时间在剧场为多达 150 名学生
放映电影的每日电影俱乐部，到花样繁多的桑巴鼓、国际象棋、烹饪、自行
车修理、电影摄制以及创意写作等。俱乐部花费了大量学校经费，同样也消
耗了我们许多精力，但我为我们的课外活动及其带来的机遇感到骄傲。这些
俱乐部有助于培养学生个性，使我们能够向他们提供普通学校生活中所没
有的机会。我们许多学生放学后都舍不得离开（最近我发现两名九年级女
生到晚上 6:45 还留在数学教室里复习，直到管理员下班锁门前才离开），因
此我们有理由为他们提供系统的活动项目。毕竟，我们的目标是培养会生活
的人，而不是仅仅为了通过普通教育高级程度证书。

引入广泛的俱乐部活动（并确保活动质量）在我 6 年前到任之初并非
首要任务，但随着时间的推移，我现在已有余力重视俱乐部活动，就像对待
教学一样严格对待它们。我们要求每名关键阶段 3 的学生每周至少参加一
次俱乐部活动，许多老学生都十分愿意继续保留这项规定。我们不能先入为
主地认为年轻人会在游泳俱乐部度过周末时光，或是跟着童子军或女童军
组织赢取徽章，因此我们希望在校内为他们提供此类机会。有时，我们的努
力会被学生们的经验挫败。比如，当我们欣喜地允许十一年级学生将在海德
公园九曲湖上划艇作为体育课选项之一时，我们发现大部分学生都不会游
泳。与之类似的是，我们的大部分爱丁堡公爵奖金都被用来购买书包和床
垫，而这些东西在出身富裕社区的学生自家仓库里就能轻易找到。

我最喜欢的俱乐部是我们的企业俱乐部，其中涉及了全国任何操场上
都能找到的生意精神（我经常发现学生收费代写作业，也有学生向同学销

售母亲制作的三明治，利润可观 —— 我无从知晓他是否和母亲分摊了销售三明治的利润）。伯灵顿·丹麦学院的企业俱乐部为当地餐馆提供送餐服务，2 名第六学级学生每天早晨记录员工订餐信息，利用平时午休的外出时间，为教师从当地餐馆带回约 20 份午餐。他们收取成本价，从餐馆获得10% 的折扣作为利润。

其他午休活动包括拳击俱乐部和电影俱乐部。拳击俱乐部背后有个有趣的故事。我们注意到一段 YouTube 上的视频，一群十一年级学生在当地一座塔楼楼顶拳击。没有绳索、护栏或头盔 —— 没人严重受伤简直就是奇迹。尽管他们的活动明显是在胡来，我们还是发现男孩们对待他们的新兴趣是多么严肃认真 —— 视频显示，他们有一名裁判、一名计分裁判和一名计时员。我要高兴地说，唯独缺了一群身穿比基尼的女孩，在每轮比赛铃响起之前招摇过市。和这群男孩打交道很难，尤其是在午休时间，他们被压抑的能量需要一个出口。所以在需要他们中止塔楼拳击赛的情况下，我们购买了一个拳击台，延长了常驻拳击教练的工作时间，并且为这群十一年级男生提供午间拳击课。被征用的中庭从那时起便成了特别体育馆，拳击台便是体育馆的中心。事后证明，活动在午间和放学后大为流行，特别是在更为精力充沛的男孩中间，同时也有一大群女生在拳击台上同样表现出色。

与此同时，整个冬天，我们的电影俱乐部每周在波特剧场放映一部电影，有时会聚集起 150 多人。这里安安静静，学生能带着午餐进来，在正午时分喘上一口气。若它点燃了一小部分人对电影的热情就更好了。午休时间，特殊教育需求部门为那些想找个安静地方放松一下的年轻人准备了一处"避难所"，图书馆则提供慰藉以及补做作业的最后机会。乒乓球桌边聚集了大批低年级学生，而全天候阿斯特罗人造草皮球场则为其他学生提供了在年中任何时候都能踢足球的机会。对高层员工来说，午休时间恐怕是全天压力最大的时候了；对讲机里时不时地传出各种警报，像是餐厅发生法式长棍面包短缺了，食堂里打翻东西了，但我很自豪能为孩子们提供多样化的机会，每天时间达到 50 分钟。

自 2005 年杰米·奥利弗提出健康饮食运动以来，学校食堂供应的食物一直都是多项讨论的话题。他的努力颇有成效，他的抵制垃圾食品运动深深影响了伯灵顿·丹麦学院，我们每周只供应一次薯条且要求学生取主食时必须取一份沙拉。我们校内没有自动售货机，这意味着学生不可能买到含糖饮料或巧克力。学校只能做得这么严格，之前我曾提过学校里流行喝"葡萄适"的情况，学生似乎无视一项事实，那就是每瓶"葡萄适"的含糖量都在每个成年人每日糖分建议摄入量的一半以上。附近有 4 家零食店，距学校都只有几分钟的路程，学生每天早晨跨入学校大门时所吃的食物恐怕会激怒杰米·奥利弗和他的伙伴们 —— 品客薯片、多力多滋玉米片、哈瑞宝糖果、甜甜圈和饼干都在学生早餐菜单上占有一席之地。校门附近还有一家快餐店，能买到只要 2 英镑的鸡翅和薯条。在我们放学后执勤的 30 分钟内，我们会阻止学生进入那家店，但除此之外的时间段，他们可以作出自己的选择。学校影响力的界限究竟该划到哪里一直是个难题，这一点，我会在后面深入探讨。

学识教育是教育的必要非充分组成部分，这个概念古来有之。用蒙田 500 年前写下的话来说："很高兴回到当前教育之荒谬这个主题：当前教育的终点不是让我们变得更优秀或更有智慧，而是博学。它成功了。它没有教导我们追求美德，拥抱智慧：它用两者的衍生品和源头打动我们……我们会立刻询问，'他懂希腊语还是拉丁语？''他会写诗、写文章吗？'但最要紧的是我们最后才提到的：'他变得更优秀、更有智慧了吗？'我们应当搞清楚谁了解得最深，而不是谁知道得最多。我们努力不过是填满了记忆，却在理解和是非观念方面留下了空白。"

2011 年夏天席卷伦敦的那场骚乱是一次严正提醒，社会（如果不是学校，那该是谁？）需要在向年轻人提供学术基础的同时，提供道德基础。针对骚乱的调查显示，被指控的人中有 66% 有特殊教育需求，相比之下，全国有特殊教育需求人数占总人口的 21%。卷入其中的成年人，有 35% 正在领取失业金，而全国范围内这一比例为 12%。此等规模的公共失序，根源显然是复杂的，也很难将因果与相关区分开来；但上文引用的两个数字显示，多数参与其中的人都难以取得学历，从而无法像其他人那样从伦敦的财富中获益。再者，受到指控的 10—17 岁青少年中，42% 享受免费学校午餐，而全国范围内的比例仅 16%，意味着贫困地区学校在避免重复当年夏天的失序上肩负特殊使命。比起道德失败，那场骚乱同样，或者说更加凸显出学术方面的失败。56% 的暴乱者自己也说，"道德下滑"是骚乱"重要"或"相当重要"的起因，他们中 70% 的人都打开了同一个名为"贪婪"的盒子。40% 的暴乱者归咎于"糟糕的家庭教育"（在接受问卷调查的非暴乱参与者中该比例为 86%），他们的诚实值得赞扬却又必须严肃对待，这又一次显示我们不能依靠家庭来提供我们年轻公民所需要的道德机制。68% 的暴乱者提到了无聊，于是骚乱恰巧发生在长达 6 周的暑假过完一半的时期也就不足为奇了，也增加了学习必须全年监督学生这一观点的分量。这样的解决方案过于简单化了。正如指望靠在每个街角安装监控设备，延长学生在校时间来预防失序，这种做法将学校的功能降低到单一的监督功能。闲暇时间是所有年轻人的一项基本权利，不该过分要求他们将闲暇时间与行为得当的责任对应起来（就像绝大部分伦敦年轻人在 2011 年夏天所做的一样）。

一位来自新西兰法官对青少年与成年人所说的智慧之语

"我们总听到青少年叫喊道：'我们能做什么？我们能去哪儿？'……我的答案是，'回家，修剪草坪，擦洗窗户，学习烹饪，修造木筏，找份工作，探望病人，学习功课，做完这一切，再读一本书。'"

"你的城镇不欠你娱乐设施，你的父母也不欠你快活。世界不欠你生活费，是你欠这个世界。你欠世界你的时间、经历和才能，让世界不再有人生活在战争、贫穷或疾病、孤独之中。"

"换句话说，成长起来，别再做个只会哭的婴儿，走出白日梦中的世界，然后丢掉许愿骨，挺起你的脊梁骨。开始像个负责任的人一样做事。你很重要，人们需要你。干坐着等待某人在某天做某些事，那就太迟了。某天就是现在，而某人就是你……"

那么学校要如何滋养年轻人的道德呢？答案绝不是单独设立一门道德

课，而是在学校里织就一张道德之网。起点就在教室，在那里，教师尊重而又有礼貌地与学生对话，极少提高嗓门，从不发声而且避免粗鲁和对抗性语言，例如"闭嘴"。教师提高嗓门有时能显得有理，但更多的时候并非如此——喊叫只能产生挫败感与敌意。我鼓励教师做事要有专业精神，为我们希望在学生身上培养的个性做好榜样，避免把辅导工作交给专业人士，自己只做个刻板印象中的长官式教师。

最近几个月，七年级学生去新森林国家公园露营一周，巩固了他们在中学第一年期间培养的关系与技能；八年级学生去里尔圣诞集市培养法语能力；60 名九年级学生亲身体验西线战壕；十年级学生也走访了杰米农场体验乡村生活；80 名十一年级学生最近去了一次海德公园冬季乐园，作为他们超额完成出席率与作业完成率要求的奖励；第六学级的学生参观了国会和布隆伯格与约克郡沼泽的首府，也就是《呼啸山庄》的故事发生地。关于募捐方面，我们最近正打算回访印度，去年第六学级学生去德里支持方舟集团的项目。除了募捐，大部分校外活动都由学校出资。我们很幸运能够动用信托基金，基金的资金来源是学校所持资产的古迹信托收取的租金。这样我们就能负担得起大量学生校外活动，我们也致力于确保全体学生都能从校外旅行中获益。几年前，工会曾鼓励教师抵制校外活动，因为法律风险可能导致不好的结果。组织年轻人挤进伦敦地铁车厢的确责任重大，更别提高峰时段德里疯狂的街道了，但能参与这种活动对大多数我们的教师来说是一个职业上的亮点；他们获得了一次在课堂压力之外与学生建立感情的宝贵机会。

2013 年夏天，我们开始开展文化之都两日游活动，全体关键阶段 3 学生都获得两天时间，从 12 处伦敦文化名胜中挑选 2 处参观访问。从大英博物馆到圣保罗大教堂；从邱园到泰特现代美术馆；每天我们聘用 12 名指导员并全额资助关键阶段 3 全体 550 名学生的参观费用。参观的同时，我们会举行写作大赛，每名学生从走访的两处名胜中挑选一处，撰写文章。"文化之都活动"把学习带进了学生的生活并带给他们难忘的回忆，同时也带给学生与员工在另一种环境下共同学习、愉快相处的机会。我曾亲眼见识到在科学博物馆，科学教师的热情在与学生互动的过程中感染了他们。学生生活在全世界伟大的文化之城，但我在过去的活动中了解到，他们很少离开自己的居住地。文化之都活动设在暑假之前，我向学生们强调，他们持有免费伦敦公交卡，能免费进入伦敦的各大博物馆，他们没理由一整个暑假都不主动参与这项活动。

学校理事会为学生提供了进一步领导与参与的机会。每所学校的理事会被赋予的权利各不相同。最糟的情况下，学校理事会就是一个充满琐碎抱怨的清闲俱乐部，一个只有贴满类似抱怨的布告栏而没有行动与改进的，毫无意义的混响室。处在另一个极端的学校看似赋予学生理事会更多权利，而不是自己的员工，授权理事会面试候选教师，领导员工培训并管理庞大的预算。我倾向于折中的做法。必须让学生知道他们被代表了，他们在学校里有发言权，但我们也必须认可职业教师和学校领导的专业性。学生参与理事的局限性会在期末教师向学生征询反馈意见时暴露出来。我很支持这项工作，但仅仅按学生要求与建议整理，结果就是意见只包含小组活动、视频和旅行。因此，精心设计的问题才能产生有用的意见。最近一次学生理事会会议上，我们请学生分享该学期他们最具冲击力的一次学习经验。下面抄录了他们的部分回答：

- 某九年级学生提到普雷赛尔女士，因为"她的课很有趣"。他 / 她建议教师让更多学生向班里其他学生朗读自己的作业。
- 某十年级学生提到安南女士的科学课，他们在课上根据脑中记忆制作展板。他 / 她希望课上多些体力活动和小问答。
- 八年级学生提到在奥黑尔博士的英语课上学习证据说明段落的经历。
- 某九年级学生提到在贝尔女士的艺术课上制作陶壶。他 / 她喜欢这项活动因为活动积极且有创意。
- 某八年级学生提到在惠特洛克先生的一堂宗教课，他们在课上学习哲学并被鼓励为自己思考。他 / 她意识到不存在正确 / 错误答案。

他 / 她希望有更多机会分享课本内容以外的思想。

· 某九年级学生提到威廉姆森女士的法语课，课上学生互相教学。

· 某八年级学生提到一堂数学课，他们做了与数列相关的游戏。他 / 她建议教师在下课前向学生提问，了解他们是否已经理解。

· 某七年级学生提到在福特女士的食品技术课上做烤苹果酥的经历。他 / 她希望课堂更活跃些。

· 十年级学生提到巴克尔先生的物理课，课上他们学习了"力"。这堂课之所以好是因为学生们先自己进行实验，然后分组反馈报告，这样的效果比单纯授课更好。

这份清单深刻反映了学生在任何一个有烤苹果酥、哲学和物理的日子里的体验。同样，在最近一次周六留堂时，我询问学生对奖惩的看法，他们的回答也深深打动了我。他们提出的最严厉惩罚清单证明我们近期的惩罚措施是有效的，学生提到了周六留堂和一日留堂（在内部隔离室），以及他们最害怕的"永开"（永久开除）。最佳奖励清单也十分有趣，好几位学生只是单纯希望能清空他们的违纪记录。因此，我们调整了违纪记录处理规则，违纪记录累计到年中就会清空，全体学生都会重归起点。有位学生提到，最动人的奖励是绍森德一日游。我终于理解了"志向贫乏"这个词语。

只要看一眼我们的校历，就明白个性教育已经融入学校生活的方方面面。可以随机看看 2013 年 2 月的某一周。周一早晨个人、社会、健康与公民教育活动中，关键阶段 4 和关键阶段 5 的学生聚在剧场，听取演讲者系列讲座，演讲人是原丹麦人学校的毕业生（学校前身圣克莱门丹麦人学校的校友），现在是帝国学院哈默史密斯校区的癌症研究员，从他的办公室能望见我们学校的操场。当天晚些时候，九年级学生参加了一场慈善机构我的银行组织的个人金融研讨会。放学后，关键阶段 3 学生在西伦敦辩论赛中与圣保罗学校和上拉脱维尔学校这样的老牌劲旅捉对厮杀。下半周，十一年级学生去城市公司布隆伯格总部参加就业指导，而帝国学院的本科生们则来到伯灵顿·丹麦学院为学生提供一对一的数学辅导，帮助他们准备中等教育普通证书考试中的数学考试。就在同一周内，第六学级学生坐中心线横跨城市去东方与非洲研究学院参加分为 6 次的全球事务系列研讨会中最近的一期。情人节通常在两学期之间的假期里，但这一年的情人节恰好在我介绍的这一周内。企业俱乐部在这一年一度示爱的日子里，在校内提供玫瑰递送服务。有些学生收到了更有意义的礼物，我们的扫盲负责人出面主持国际赠书日，请教师向学生赠送休闲类书籍。回到传统的情人节过法，积极进取的第六学级学生说服大胆的教师们主演我们改编的《盲目约会》（*Blind Date*），这项活动会在连续两个午休时段吸引大批观众涌向剧场。这类活动或许不会对我们的考试通过率有所增益，但却带给大家难忘的回忆并在师生之间创造了积极团结的氛围，这种氛围渗透进了走廊，渗透进了教室。无论你信不信，上述一周便是伯灵顿·丹麦学院典型的一周——网站上每周通讯的存档便是明证。每周通讯是表彰课外活动的一项有力工具。每周我们在科茨表彰栏上表彰本周发生的微不足道的好人好事，从有人在操场上拾到 5 英镑交给接待处，到学校收到当地居民的表扬信，感谢某位学生早晨扶起了滑倒在冰面上的他们。

上述一周是典型的一周，我们也会在学年中途安排活动，鼓励学生投入教室以外的广阔天地。交叉学科周安排在 7 月。这一周，普通课程全部取消，教师与学生分成小组，合作完成特殊项目（此时考试相关课程已经结束，因此我们能在每年这个阶段达到健康的师生比例）。2011 年交叉学科周的主题是本地历史。各小组调查本地历史的方方面面，从移民到 1948 年奥运会，到女王公园巡游者足球俱乐部和英国广播公司。2012 年的主题是"2012 伦敦奥运会"，同周内还举行了"牙买加日"，庆祝伯灵顿·丹麦学院学生被挑中，在奥运会开幕式上担任牙买加队的入场仪仗队。师生穿上牙买加国旗颜色的衣服，我们牙买加裔的教师（数名）午休时在操场上为大家烹制了烧烤。

慈善周也是我们每年的固定活动。这一周内有大量活动，比如海绵教师（教师志愿者允许学生向他们投掷湿海绵）、清晨马拉松（学生与教师环绕学校前面的芬克大楼跑步）和一场达人秀。这周我们能为指定慈善机构募集几千英镑。更重要的是，它让学校社群行动了起来，鼓励学生为比自己处境更贫困的人们出力。这是令人精疲力竭的一周，但总能带给我们难忘的回忆。社区活动方面最亮眼的活动恐怕要数圣诞茶会了，这是一场由学生策划、组织并开展的圣诞派对，面向本地社区的老年人。这是学生在活动策划与服务他人方面获取经验的宝贵机会，使我们在老年邻居中的地位有了惊人的提高。

一年一度的茶会不过是遍布校历的各种亮眼活动中的一项。文化节、莎士比亚学校演出、圣诞音乐会、春季音乐会和夏季晚会（与其他方舟集团所属学院在巴比肯艺术中心合办）使我们永远都不缺值得回忆的活动，在活动中，学生的才华得到了发展，我们也认识到集体力量大于个体力量。这些活动不可避免地给学校带来了压力。学校按日常流程运转，针对现有秩序的任何改变都会引发问题。可以想象，艺术演出总监要求音乐剧参演人员（以及协助演出的员工们）在演出周停课这样善意的请求会招致各学科部门领导的反对与烦恼，他们会失去教师，教师会失去学生，当值上级不得不寻找其他教师代课。解决这类后期困难占据了战略领导小组一半以上的时间，这种紧张一直持续到演出当晚，副校长担任门童，助理校长坚决拒绝无票客人入场，他们来看朋友或家人演出，却发现门票售罄。演出一开场，这些压力便烟消云散了，我不得不说最近的演出 ——《红男绿女》（*Guys & Dolls*）《发胶明星梦》（*Hairspray*）和《恐怖小店》（*Little Shop of Horrors*）已经成为我在伯灵顿·丹麦学院最棒的回忆。

最近几个月，我们正式开展行动培养和提高学生品格。副校长之一为每个年级选出一项焦点品格（坚忍、同情、正直），与各学科部门领导及其他利益相关方一起在课堂上强调各年级对应的品格。电影俱乐部最近放映了《美丽人生》（*Life is Beautiful*），探索八年级的主题 —— 坚忍。同时，八年级学生在英语课上也对该主题相关的诗歌进行了分析。我们为学生发放"通行证"，他们在所选品格上取得进展时可以获得一枚印花。加强"品格课程"有点儿像走钢索。做得过分，便可能变成打钩运动，也许会产出评审员大为欣赏的政策文件，却对实际培养学生品格鲜有作用 ——"能被统计的东西不一定都是重要的，重要的东西不一定都能被统计"。另外，从课程中剔除品格教育，有可能忽略我们提供的这项重要元素，给学生一种印象，那就是我们只关心成绩。正如前文所述，我们的解决方案是将我们对品格与个性的欣赏结合到校历、教室、走廊和课程中去。

美国心理学家马丁·赛里格曼曾着重描写过软实力与品格的重要性，下面这句话反映了他对乐观之重要性的观点："成功不一定发生在最有才华的人身上。这份奖赏会落在有适当才华且乐观的人头上。"美国的奇普学校因为在贫困城区取得难以置信的成功而名声大震，他们就将赛里格曼的成功应用在学生每天的学校生活中，特别重视7大具有高度可预测性的优势：热情、坚强、自控、乐观、感恩、社交智慧以及好奇。奇普学校将严格的学术指导与个性培养相结合，从它简单精彩、广为引用的座右铭"努力工作，亲切待人"上就能看出这一点。顺便一提，我见过有些教师成功地将一长串课堂纪律浓缩成这8个字。奇普形容这一双重挑战为"赋予学校生命的阴与阳"，我找不出更好的描述方式了。保罗·塔夫在《儿童是如何成功的》一书中介绍了奇普学校培养学生品格的方法。该作的核心思想是，只要学校主动培养，软实力可以在童年的稍晚阶段习得，即使它们在童年早期曾被忽视。对保罗·塔夫而言，德韦克提出的成长型心态与智力对品格的作用同等重要。他说品格不过是习惯的集合："被我们称为美德的特质不过是简单的习惯。"奇普学校制作的，用来衡量学生软实力的两页调查问卷给塔夫留下了深刻印象。每位学生通过用调查问卷得到一份报告，教师会在家长会上与学生和家长讨论成绩报告的同时讨论这份品格报告。奇普学校采用的部分方法，例如学生穿的汗衫上绣有口号"无限品格"，背后罗列了7大品格，墙上悬挂巨大的标语，呼吁学生"积极参与"，以我对英语的敏感度来说显得有些压抑，但对奇普学校培养品格的严格程度，我甚为叹服。有趣的是，塔夫将奇普学校与纽约顶级私立学校之一河谷学校做了对比。河谷学校的校长也致力于培养学生的品格，他担心学生的舒适会让他们没有机会品尝失败："校长兰道夫当然希望他的学生获得成功 —— 但他相信他们想要获得成功，就要首先学习失败。"

我们希望学生成长为怎样的人？

这件相对来说比较简单的事却常常被学校忽视，但我认为这是改进计划的基本部分。学生在你的学校度过几年之后，应该成长为怎样的人？

我们认为，伯灵顿·丹麦学院教出来的学生应该是：

· 成功的人　他们努力工作，热爱学习，有所成就，博学而进步，坚持学习新事物，有能力突破自我，踊跃思考，调查，研究，实验并寻找结果。

· 自信的人　他们生活充实，靠"自己思考"成功而不依赖他人的现成答案，热爱阅读，懂文化，懂倾听，有分析能力，理解力强，踊跃讨论和推理。

· 高尚的人　他们具备同理心因而对他人与"自身"的需求敏感，充满高度道德意识并随时准备挑战任何束缚人类灵魂的事物，例如，缺乏志向、缺乏自信与信仰、道德中立或漠不关心、强迫、狂热、侵略性、贪婪、不公、视野狭隘、利己、性别歧视、种族歧视以及其他类型的歧视；他们欣赏那些无形的美德——例如，美好、真实、爱、善、公义、秩序，同样也欣赏神秘、悖论与模糊的语义。

· 主动的人　他们有人生目标和人生志向，热爱学习，拥有未来工作所需的职业意识并且懂得变通。

· 负责的人　他们的生活美满、稳定而又健康，对社会有积极的贡献，具有高度公民意识、慈善意识以及强烈的社区意识；他们深刻理解礼节、行为得当和关心他人的重要性；他们从不霸凌他人并努力消除这一现象；他们关心环境；他们在展望未来的同时也不忘享受当下。

本章结论是，将学术成功与品格培养割裂开来的做法忽视了教师与学校在培养儿童全面发展时所面临的挑战。引用美国传奇高中篮球教练约翰·伍登在《他们叫我教练》（*They Call Me Coach*）中所写的话："杰克太害怕被拒绝以至于他确信别人总有理由不喜欢他。"除非问题得到解决，否则杰克的恐惧很明显会对他本人以及他周围的人的学习造成负面影响。或许杰克需要一对一辅导和专业情感支持，但他似乎更需要找到一些他热爱的，他觉得自己擅长的东西，他从中汲取的自信会迅速扩散到他生活中的其他方面，其中就包括课堂表现。杰克当然更有可能在课外活动丰富且人文气息浓厚的学校里，发现自己不为人知的才能，完成蜕变。

真心话时间

真心话时间是十一年级组的学生在伯灵顿·丹麦学院时间表上的固定活动，已经成为伯灵顿·丹麦学院的一项传统。真心话时间安排在过去我们称作"考前假"开始的那一天，现在我们也叫它"正式校历的终点"。

礼堂里什么都没有，只剩下 180 张椅子围绕四周。活动相当神秘，因为学生临时接到通知，事先并不知情。

十一年级组的学生围成一个大圆圈坐下。他们被告知这是他们最后一次坐在一起；他们还剩最后一次机会，去做他们认为应该完成却还未完成之事，并作告别致辞。在活动中说的话，出了门就不能再放在心上。

只有站在圆圈里的人能说话。教师也能说话，但主角是学生，他们自己走到中间，用孩子独有的方式倾诉心声。眼泪不可避免，他们通过眼泪分享回忆，讲述他们的友谊和对未来的希望。

这一直都是项坦白、感人、动情的活动。活动最后，许多男孩女孩都哭了。许多精明强干的男孩都激动地颤抖，被这特殊时刻的感情吞没，能目睹这一刻千金难买。

这项活动提醒我，我的工作是和孩子们在一起：无论他们的表现多么抢眼，他们始终未成年，还不是"完成的作品"。学院将他们聚在一起，培养他们，教育他们，帮助他们准备好面对未来的人生。

随后，他们互相在上衣上签名。好笑的是，即使不是全部，也有一大部分学生第二天仍旧回到学校，因为我们有一份紧凑的时间表。

我谦卑地思考我们对他们的人生带来的影响。

结语：哪怕不顾排行榜和评审，校长也要背负培养孩子全面发展的道德责任。

第十课　学校并非在真空中运作

为了实现长远提高，政府必须像优秀校长对待自己的学校一样付出同等关心与重视，从而引导、培养并激励学校系统。

最近几年，评价学校的标准狭窄得只剩学术指标了。而优秀的校长则在社会责任感的驱使下，坚持培养孩子全面发展。本课将深入探讨学校与政策制定者之间的关系。成功的校长始终关注政策动向和教育领域的学术研究，这是我的信念，为自己学校的需求量身定制政策与改革永远是校长的责任。作为伯灵顿·丹麦学院的校长，我努力确保我们学校灵活机动、了解政策，如此便能快速应对政府的指示。我们与教育政策和改革保持联系的一种方式是通过每周一次汇总相关文章与博客，由战略领导小组成员之一、以电子邮件的形式发送给其他高层团队成员。同时，我一直努力确保我们足够正直，优先考虑学生需求而不是变成机械转述中央教育政策的机构。引入英国文凭就是一个例子。引入这 5 项传统资格是为了加强对传统学科，如历史和语言的重视程度。排行榜会公布每所学校取得英国文凭的人数，从而鼓励学校重新重视这些传统学科。这在我们学校行之有效，因为即使过去无人关注时，我们也构建了传统的、学术性的课程，避免学生受到诱惑选择考简单却无用的证书。引入英国文凭便是由政府倡导的、受到我们欢迎的举措，然而其背后透露的信息却是，审慎的校长会以学生利益，而不是多变的政府政策为重。

自治性与问责制已成为近年来拉动教育改革的两驾马车。自治问责双轨制背后的理论依据在于，自治带给学校革新、发挥创造力的机会，并推动学校从来自中央的诸如国家薪资规定和僵化的课程等束缚中解放出来。另外，清晰健全的问责制能保持学校的诚信度，引导拥有自治权的学校提高学生成就，同时也能曝光学校长期成就不足的问题。鉴于我们作为下一代的守护者的重要性，我完全同意接受问责制，正如本书所透露的那样，我致力于利用校长手中的自治权，根据现实情况调整自己的学校。

从问责制的重要性说起吧。最近我查看了一所南伦敦中学的网站，惊讶地发现这样一句声明："今年，本校 92% 的学生取得 5 门以上 A+—C 成绩。"之所以惊讶是因为我知道这所学校正面临压力，他们无法达到政府的基本要求，即 40% 学生取得 5 门 A+—C 的中等教育普通证书考试分数 —— 5 门中等教育普通证书科目中包括英语和数学。作为类似学校的校长，很快我就明白，这所学校公布的是不包含英语和数学的数据（92%），隐瞒了包含英语和数学的数据（36%）。可以想象，数据发生出入的原因是学生参加了大量中等教育普通证书的"等价"考试，很遗憾，这些通常更简单因而对通过考试的学生来说更缺乏价值。这种情况的滑稽之处在于，不懂教育系统的家长可能受到愚弄，以为这是一所好学校。他们或许知道全国平均水平是 59%（含英语和数学），于是当看见学校主页上 92% 这个显眼的数据，他们就会轻易得出结论，认为该学校成就超人。可以想象，当他们逐渐拨开迷雾，发现几乎三分之二的学生在 5 年后走出校门时竟得不到像样的资格证书，他们该多么震惊。或许听上去很残酷，我也希望能有人提出建议，让职业资格恢复原先的价值，但在当下，毕业时拿不到含英语和数学在内的 5 门 A+—C 的学生是没有机会取得普通教育高级程度证书，也没有机会进入优秀大学的。于是，三分之二来自贫困的南伦敦社区的年轻人会变成教育体制下的失败者，错过将来发放的黄金门票 —— 严酷的现实与学校主页上可耻的必胜信条格格不入。

总有人怀疑是否应当对学校和教师实行问责。他们认为评估学校与教育的理念不符，应该相信学校和教师行事会以学生的利益为重，而不该被迫追求一种狭隘的成果。这些观点从一个意想不到的人口中说出。

说到这儿，我也许需要证明自己是否有资格评价低收入社区家长参与度。无论我在哪里执教，找都发现家长对子女雄心勃勃，渴望一份人人都能接受良好学校教育的民主权利。我发现家长都极其支持我提高带领学校成功的目标标准。可与富裕家长相比，他们的支持却往往是被动的，有一定距离感。举一个伯灵顿·丹麦学院发生的例子。最近，家长委员会举行了一次家长论坛，邀请家长前来会见我和一批骨干员工。他们可以对学校政策提出任何问题。尽管提前好几周通知，但仍只有少数几名家长参加。第二天，我们举行了十年级家长会，与平时一样，出席率达到了 90% 的既定目标。这就折射出来自学生家长的被动支持。他们对自己孩子的进步极感兴趣，但谈起学校政策与方向，他们便乐于相信我们能做出对孩子最有利的决定。很多情况下，这是好事，但民主的机构需要知情，且受过良好教育的公民时时检查，这种问责并不总是自然产生的。

在小学，家长参与主要体现在：早晨 8:30 送孩子到学校，下午 3:30 接走孩子。中学阶段家长必须继续这种程度的支持，因为若你失去家长的支持，便也失去了孩子。数学教育家乔·博尔勒说过："研究表明，当母亲告诉女儿'我上学时并不擅长数学'时，女儿的成绩会立刻下降。"我们完整应用家长影响论：若家长给孩子一种印象，他们自己在学生时代也曾学习困难，或在学校漫无目的，就会迅速对孩子产生影响。我看过驯犬师玛丽·伍德豪斯最近的一段影片，正反映了这一点。一位主人向伍德豪斯求助，因为她的狗不愿跟着她坐火车。伍德豪斯问她："你害怕坐火车吗？"那人回答："是的。"伍德豪斯解释道，是那位主人将自身对坐火车的焦虑转移到了狗的身上。学校也许能做得更多，通过赢得家长的心缓解孩子的焦虑。

家长会上，家长该问的问题 —— 但通常他们不问

家长会就像这片土地上的任何学校一样，我们曾辩论过它们的优点，玩过各种不同的形式（学习评审日、预约、家长聚会），但最终都要归结为客户需求。每名教师面前都应该有一叠批改过的练习册。如果你能请来每一位家长，那么他们理应提出怎样的问题呢？

下面是我建议的一些问题：

• 我孩子最近的进步速度如何？他们的目标分数 / 等级是什么？他们需要做些什么才能达到下一个等级：能让我看些例子吗？能用透明最近的作业本告诉我吗？

• 我孩子进步的速度是否正常？我孩子在哪些方面做得好？哪些方面他们需要更多帮助？我能如何提供帮助？

• 我孩子应该做多少家庭作业？我能帮什么忙吗？他们及时完成作业了吗？能为我讲解一下孩子的作业，让我与他们的计划簿核对吗？我能看看他们的批改结果吗？

• 我孩子有什么特别的素质或能力吗？我能做些什么吗？

• 我孩子喜欢上学吗？你怎样看出他们是否高兴？他们最喜欢做什么？他们不开心时会找谁交谈？

• 他们和其他孩子相处得好不好？他们和成年人相处得好不好？我能做些什么鼓励他们和其他人和睦相处？他们在礼貌方面做得好不好？

• 我孩子课堂作业及时完成了吗？课堂作业 / 小测验占总成绩的百分比是多少？我能提供什么帮助？

• 我孩子做事有没有条理：计划簿、复习、按计划做事等。我能提供什么帮助？

• 我孩子能不能独立学习？我能做些什么进一步推进这一点？哪些独立任务能帮助他们学习？

• 我孩子遇到不懂的内容时会做什么？他们会找谁讨论？有没有课后辅导？

• 我孩子的成绩和他的同学相比如何？

故而，问责制在贫困地区学校起到特别重要的作用。这些学校必须挑战学校里的年轻人的要求成绩，我也相信健全的问责体制在其中起到重大作用。和许多教师一样，我在学校教书的经验不同于我送自己孩子上学的经验，不是因为我送自己的孩子上私立学校，而是因为我住在主要由中产阶级构成的郊区社区，而我却选择在主要由低收入阶层构成的城市社区工作。这显示，社会分层败坏了许多教育体制。低收入家庭背景的学生聚集在一处是有问题的。巴特勒和韦伯在 2007 年的一项研究中有力地阐述了这一观点："来自贫困社区的孩子常常处于双重不利地位。首先，他们居住的社区并不指望他们将来有所建树。其次，他们上学时周围都是其他预期低于平均水平的学生。类似地，中产阶级家庭的孩子上的学校主要由中产阶级家庭的孩子构成，他们便享受了双重利益，拥有家庭优势的同时在学校又有一群有抱负的同学。"

这种社会分层让关心社会公平的人们感到大有问题。或许最大的问题就是，没有中产阶级利益相关者，低收入地区的学校会遭到忽视，正如 20 世纪八九十年代发生的种种案例一样。从那时起，极度贫困地区的学校便成为大量审查的焦点。这也引出了另一个可能存在的问题，即双层式教育，人们认为某些学校为低收入家庭服务，而某些学校则为富裕家庭的儿童服务。伯灵顿·丹麦学院周围都是富裕街区，但他们中极少有人把孩子送来我们学校。当我与他们交谈时，他们质疑自己的孩子能否得到发展，我们的目标够不够远大。值得高兴的是，我们的成绩顶尖，教师素质以及第六学级学生考入的大学都能大大保证我们可以在能力范围内为所有水平的学生提供挑战。不过，我承认我们的教育方式很严格 —— 哪怕学生只迟到一分钟也要当天留堂一小时；每天一早在操场安静地列队 —— 可能吓跑那些喜欢更宽松的，以孩子为中心的教育方式。托尼·布莱尔在他 2008 年的回忆录中提出，传统公共服务不需要国家"紧紧抓住"的极少数功能失调的家庭服务，但这种干预方法不符合自由派中产阶级家庭的需求。下面这段《经济学人》节选中记载了这种紧张，该杂志的常驻政治评论员白芝浩访问了格雷格·马丁领导的一所南伦敦地区小学。马丁以其严格而充满爱的教育方法和卓越成果而著称："我在上个月教育部长助理迈克尔·戈夫组织的学校纪律与学生行为研讨会上遇见了马丁先生。马丁先生在会上讲的内容深得我心。他说有些来自伦敦最贫困家庭的年轻学生，在如此混乱无序的家庭中长大，在学习任何正规技能之前，需要先教会他们一些简单却至关重要的东西：如何获得教育。具体来说，就是认定他们只有 3 岁孩子的接受能力，教会他们如何坐定，如何倾听，如何冷静地行走，如何在餐厅用餐，甚至如何给自己穿衣服。用更抽象的话来说，他们需要知道，他们一直都在作出选择，有好的，也有坏的，不管作何选择都会带来后果。在杜兰德，所有课程都以相同的方式开始，所有的班级都遵循相同的基本设计，那就是在黑板上写上日期与课程目标。学生穿着校服，且必须正确着装。我们教会他们沿着学校走廊安静地排成两路纵队行走，避免在餐厅大喊大叫。绝不提高嗓门，始终迅速执行规则。我们致力于形成安静、安全的工作环境，告诉孩子们他们已经离开了他们所居住的家庭，来到了一个不一样的地方：学校，他们是来学习的。"

怎样才能避免双层式教育，也就是（稍稍夸张一些）中产阶级的孩子在秩序宽松的学校中通过玩乐与创造学习，而他们的低收入同龄人则在团结有序的环境中接受严格训练从而走向成功？有一种好的开端是形成社会阶层多元化的社区，这是本地政府最近正在努力的事，他们坚持任何新住宅开发项目必须包含一定比例的"经济适用房"。而之前提过，伯灵顿·丹麦学院附近的社区其实相当多元化，但长期以来学校都没能得到富裕阶层的支持，我们依然在努力赢回这批人。招生简章在此起到重要作用，我认为学校的社会成分构成应该更加透明，审查应当更加严格。这样能使学校确保自己的社会成分构成能够反映周边社区的情况。例如英国教育标准局就会拒绝将那些本身贫困指数与周边社区贫困指数存在巨大差异的学校评为"优秀"。公平组合，即学校从不同能力范围内招收相等数目的学生，原则上是好事，但必须通过外部管理，以便排除学校暗地里选择特定学生的诱惑。

我在前文提过，我们一直在努力赢得周围中产阶级的支持，但重要的是，我们未曾调整招生简章，为中产阶级学生入学打开方便之门。看到其他学校操纵招生真是令人沮丧，但我的社会良知 —— 以及我的领导和方舟集团的良知 —— 始终坚定不移。

招生时，太多学校口头上假意承诺公平招生，却在背地里做小动作确保招到更聪明的申请人。当学校的特长学科是商业或企业时，情况就变得十分荒唐了，仿佛 10 岁就能看出企业家潜质了。更隐蔽的操纵招生政策，偏袒更有能力的学生的方式是入学考试和公平招生政策。所有申请人进行考试，学校从几组不同水平的学生中随机挑选学生。理论上，这样做能确保学校招生符合能力分布情况。但现实中，某些学校的考试极难，约 60% 的申请人处在末等。这样学校为水平较低或水平中等的人入学制造了更多困难。家长无法对这样操作的学校提出申诉，这不足为奇：批改完毕后，家长不能要求调阅试卷。如果学校想实行"公平招生"，就要采取集中批改的全国考试。如果学校想单独挑选学生，则必须挑选贫困家庭学生。我们在教育中会谈到家长选择和市场力量，但现实中只有学校有余力的情况下这些选择才会起作用。可好学校总是超额报名的，家长只好寄希望于这里提到的隐蔽的招生伎俩。

除了招生简章，资金管理能起到很好的弥补低收入家庭儿童的劣势。美国的情况是这样的，学校资金来自当地财产税，也就是富裕地区的学校比贫困地区学校拥有更多资金，对任何关心社会公平的人来说都是明显的冒犯。英格兰 2011 年开始的学生保险就是迈向正确方向的一步。学校每年可因每名领取免费学校午餐的学生（或任何过去 6 年内领取免费午餐）额外获得 900 英镑。伯灵顿·丹麦学院的人数接近 70%，因此我们得到了一大笔资金，用于提高低收入家庭学生的成绩，主要途径是补贴郊游、课后班、小班辅导以及补贴学生的免费午餐。这份额外资金（每名学生身上学校能额外获取 15% 的资金）也让学校有经费招收来自贫困家庭的学生，或者至少有助于消除招收贫困生的抗拒。本书的重要主旨之一是，低收入社区的学校必须主动迎接挑战，纠正并提高学生的预期和成绩，所以我们也理所应当获得主动干预所需的资金。

我欣赏学校排行榜带来的审查与问责的同时，也必须承认，狭隘武断的政府准则时常会令学校牺牲其他学生，而去关注"边缘"学生。例如，英国评判学校的主要标准是取得含英语和数学在内的 5 门成绩 A+—C 的学生人数。这就引导学校不成比例地投入大量时间、精力与金钱在分数线徘徊在

C/D 附近的学生，忽略最好和最差的学生。我知道一所在伦敦的学校，所有学生提前一年参加英语和数学中等教育普通证书考试，让他们有尽可能多的机会在十一年级结束之前重考。问题在于十年级时就取得 C 的学生会被学校"雪藏"，因为学校帮助他们从 C 提高到 B 或 A 得不到任何好处，只会增加一年的教育投入。明面上，这所学校近年来成绩有所改变，主要是让过去取得 E 和 D 的学生挤进 C。取得 A+、A 和 B 的学生人数固定不变。没有取得这样的高分，学习普通教育高级程度证书课程相当困难，也不可能在优秀的大学占据一席之地。所以，尽管这所学校水平明显突飞猛进，实际上却未能帮助更多学生在今后的学习中真正获得成功。学校经费分配不符合学生需求令人心痛，却是正在普遍发生的事。要说我忽略了这些头条新闻上的数字，那是骗人的，但我们努力满足所有学生的需求，而不仅仅是一部分恰巧挣扎在分数线上的人。

幸好，我开始写这本书时，政府宣布了一套学校评估新标准。这套新标准提出评价学校的一套更为全面的指标，展现学生整体素质的同时，也将学生入学至毕业期间取得的进步纳入考虑范围。这就意味着学校将会有动力保证能力强的学生取得最优秀的成绩，因为无论如何 A+ 都会比 C 为学校争得更多分数，而过去，这两种成绩都被视为"高分通过"，两者对学校排行来说的价值相同。同样，学校再也不会无视那些取得 C 的、被当成能力不足者的学生了，因为所有等级的成绩现在都能得到承认。预期将获得 E 的学生取得了 D 能为学校加分，鼓励学校关注所有水平的学生。政府在通过统一的学校评价标准向所有学生提出高期望值，认同某些学校起点比其他学校更低之间寻求平衡，这是对的。

我已努力在本章以自治与问责为基础，提出政府现代教育体系下的积极作用。最重要的是，政府有责任配合学校、教师、家长以及学生的权益。南伦敦学校网站上误导性的内容证明我们需要透明度，避免学校继续愚弄它们自己的社区。学校主页仪表盘上显示学校的成就与简短的评分表单（例如学生出勤率、中等教育普通证书考试取得 5 门优良的学生百分比，取得 5 门或 5 门以上 A—A+ 成绩学生百分比，最近一次英国教育标准局评级）相比，我们欢迎在向学校问责的工具中增加前者。我刚开始在佩卡姆执教时，任课教师甚至不知道学校的考试结果 —— 现在看来令人难以置信。很明显考试结果并不是教育的唯一，但我认为没有比公布学校与学生在精心设计、准确评分的考试中取得成绩更好的办法去保证学校满足学生的需求了。

政府与学校的关键联结与学校提供的课程有关。1988 年起，英国一直根据英国国家课纲规定学校应当提供哪些学科的教育，课程应该覆盖哪些广泛话题（我用了"广泛"一词是因为世界上国家课程标准允许的灵活度一直都比许多教育学家认可的灵活度更高）。人们欢迎关于学校课程组成的公开讨论，这种讨论提醒了我们社会对年轻公民在学校学习的内容之重视。去年，我曾见过有文章论证要在学校课程中增加一批学科与话题：金融知识，公民，健康饮食，性健康，社交技能，纪念"9·11"，"静"，气候变化，网络安全与英国价值观。此类诉求对当今社会担忧多过对学校课程不足之处的担忧。我们都希望通过家庭而不是学校去培养学生正确理解金融、公民、民主、营养、性与社交技能。我们生活在高度多元化的国家，伦敦又是一座海纳百川的城市，我们已经不能认定年轻人可以从家庭获取中肯意见，学习如何在这复杂的现代生活中保持正确前进方向了。尽管我们主要关注的方面始终是学术水平，我仍渴望为学生提供某些基本问题的基础知识，这些问题，例如人际关系与金钱，是能对他们生活产生巨大影响的。年轻人常常通过家庭形成对某些事物的特定看法，因此学校有责任拓展学生的观点。在一天之内找到时间做这件事很难。我们必须警惕向学校硬塞额外学科的做法 —— 似乎没有人建议哪些学科该为这些新学科让路。我们也应该想到，没有负责的教师与严格的评估材料，这些副科很有可能被学校与教师忽视。在伯灵顿·丹麦学院，我们试图发展上述所有领域，主要通过辅导员负责的个人、社会、健康与公民教育课，但我们很难像重视传统课程一样重视它们。

正如前文所提，传统课程在英国的重要性得到了提高，这是由于引入了英国文凭 —— 一组 5 门传统学科的中等教育普通证书考试分数：英语、数学、科学、外语和地理或历史。官方排行榜已经公示每所学校有多少学生通过了这些科目，迫使学校重视传统科目。这种做法有望避免学校引导学生学习简单科目（通常是职业科目）来美化自己的数据。我完全赞成引入英国文凭。许多校长批评它的理由是，它对拥有大量低收入家庭学生的学生不利。这种观点的问题在于，它又绕回了之前提过的旧观点，即贫困家庭背景的学生在传统科目上无法与来自富裕地区的学生相提并论。又同样是这批抱怨英国文凭为高度贫困地区学校带来压力的校长，反而希望自己的孩子带着体面的传统学科分数毕业，所以为什么不对自己学校的学生寄予同样的期望呢？我很自豪伯灵顿·丹麦学院的英国文凭数据比全国数据好很多，这就表明我们的成功并不是建立在狭隘关注英语和数学，同时辅以大量低质量资格的做法之上的。学生中总有少数人，或许有 10%—20%，传统学科并不适合他们，但根据最近的经济走势，英国和美国等发达国家非技术岗位正在流入发展中国家，我很难支持让大量接受全日制教育的学生拿不到 5门学科优良分数就从十一年级毕业的做法。

若说我上面提到的观点贬损了非学术类学科的地位，那么它正反映出最近这个国家的职业教育正在消亡。沃尔夫教授 2011 年关于英国职业教育的报告正凸显了当前职业技术岗位不足的情况："16 岁以上人群可选择的工作中四分之一到三分之一是低级的职业资格，多数没有市场价值。"当然不该如此。德国就是经常被提到的例子，在德国，职业技术岗位的上升通道并不意味着较差的职业机会。德国制造业的成功表明现代西方经济体制下，高端职业培训能够占据一席之地，政府应该采取沃尔夫教授的大量改革建议。成千上万学生被误导去学习较差的职业课程，因为他们误以为这些课程与传统中等教育普通证书课程同样有用。对学校而言，这些资格的价值等同：在全国排行榜上这些课程的分数与其他学术资格分数相等。而对学生而言，职业课程不能培养关键能力也不能带给学生雇主和大学认可的资格。

考试注水，让更多人考进大学，而学生则被告知信息技术、健康与社会关怀方面的英国商业与技术教育委员会（BTEC）课程与商业学习在中等教育普通证书考试与普通教育高级程度证书中是等同的。整整一代人被引导去相信建筑、管道、木工和焊接之类的传统行业没有价值。如果海外有资格完备、积极主动的劳动力，雇主为什么还要冒着风险与困难去培养、培训一个技术工人？这就不奇怪了，某些英国行业感受到了移民的威胁。

那些指责学校课程独断、过时的人令我感到沮丧。提出多元智能理论的美国心理学家哈沃德·加德纳指出："是时候拓展我们心目中才能的概念了。教育对孩子成长唯一的，最重要的贡献是帮助他朝着自己的才能最适合，也就是他最胜任与满足的方面发展。我们完全忘记了这一点。我们对每个人的教育要求是，如果你成功了，你会最适合成为大学教授。一路上，我们根据他们是否符合这狭窄的成功标准来评价每一个人。我们应该花更少的时间给孩子们排名，花更多的时间帮助他们找出他们的长处与天分，并继续培养下去。成功的途径有成千上万种，许许多多不同的能力都能帮助你抵达终点。"

这与肯·罗宾逊爵士的部分观点一致，他指出学校扼杀创造性的一段 YouTube 视频获得了 700 万的点击率，他提道："想象你是一个外星人，从他们的角度观察我们的教育，要是只看结果，即看谁取得了全部好评，你会得到一个结论，教育的全部目的就是生产大学教授（我曾是其中之一）。人们对教授有些好奇，教授活在他们的想象中，他们高高在上，稍微偏向某个方向。他们脱离现实。他们将自己的身体看作大脑的一种运输方式。是运送他们的大脑去会议的方式。"

我们的教育体制以学术能力为基点。整个体制在 19 世纪之后被发明出来。整个体制是为工业主义的需求服务的。它建立在 3 个思想之上。

1. 对工作最有用的学科在顶端。这样作为孩子，就可能被引导远离其他你喜欢的东西，因为那样会永远找不到工作。

2. 不要搞音乐，你不会成为音乐家；不要搞艺术，你不会成为艺术家。这是有良心的建议。现在就停止，它们大错特错。

3. 学术能力，是真正主导我们对智力的认识的东西。因为大学根据自己的印象设计了这个体制。

如果你想到这一点，全世界这种体制都是漫长地进入大学的过程。结果就是许多能力出众、聪明、有创造性的人，认为他们不行。因为他们擅长的东西在学校里得不到重视，或者是被蔑视的。我认为继续这样做的代价，我们负担不起。

加德纳和罗宾逊也有类似的观点，我全心认同学校必须为各种兴趣与才能提供机会、鼓励和支持。当学生可能无法在家接触艺术、音乐、细节、舞蹈、体育或设计时，这点尤其重要。我把问题分成两部分。首先，我承认学校系统最重要的任务就是帮助年轻人掌握基本的阅读、写作、算术、语言、逻辑和科学中的实证方法论。这些学科并不偏颇。它们是普世的，无论新加坡、斯德哥尔摩还是旧金山都使用类似的课程，这表示我们已经找出了重要科目；这些科目为年轻人自我思考、理解世界并在自己选择的领域施展才能做好准备。我喜欢与各行各业的成功人士见面，和商业界的领军人物，例如我上周与谷歌高管聊天时，我发现他们并不抱怨英国学生缺乏创造力，却担心他们的数学知识、逻辑思考能力以及顺畅沟通的能力。培养这些能力不必摧毁创造力。我的第二点担忧是，中产阶级所偏爱的追求创意，默认年轻人能掌握更多传统基础能力。也许部分中产阶级家庭的确如此，但我不认为我教的学生能熟练掌握读写算，除非我们严格为他们培养这些能力。我个人认为肯·罗宾逊演讲中的外星人会被英国学校教授的课程深深打动，我也十分自豪，伯灵顿·丹麦学院向学生提供传统课程。

联邦政府还有一种方法平衡教育中各相关方的利益，即打破小学教育与中学教育之间的固有屏障。英国大部分地区的年轻人在4—11岁期间上小学，11—16岁这段时间上中学，如果学校有第六学级会接着上第六学级，或者进入专设第六学级的社区大学学习大学预备课程。在伯灵顿·丹麦学院设立第六学级给学院带来了重大影响。设立第六学级能确保我们提供的中学教育与第六学级教育保持连贯性。举例来说，普通教育高级程度阶段选修历史所需要的技能就已经在七年级历史课上介绍、培养过了。学生16岁离开学校去其他地方学习普通教育高级程度证书时，那些学校不必再投入大量精力培养学生对学习的深度理解与热情了。这两点——深度理解与学习热情——是学好普通教育高级程度阶段课程的关键。在第六学级的第一年，我们发现某些学生在这两项要求上有所欠缺，于是我们就投入时间与精力改进关键阶段 3 和关键阶段 4 的课程内容，调整七年级及以上的课程。以七年级英语课内容为例：

- 《雾都孤儿》（*Oliver Twist*）；
- 《第十二夜》（*Twelfth Night*）；
- 《科学怪人》（*Frankenstein*）；
- 浪漫派诗歌；
- 哲学类文章。

几年前，这些课程内容可能是为更高年级的学生准备的，但我们从一开始就致力于学生提高并培养他们对文学的热爱与接触不熟悉的语言的信心。学好普通教育高级程度阶段课程实际需求的要求促使我们做出这个决定。带学生进入大学的过程提高了学校知识教学的天花板，然后对整体课程产生涓滴效应。课程必须提高整个学校的学术水平，而不是仅仅在关键年级追求短期收益。因此，我们今天投入大量时间，充实关键阶段 3 的课程。我们向各学科部门领导提供时间与资源，提升他们的工作方案，使教师们为全校各年级带去丰富的、有促进作用的课程。我们鼓励教师创造更多原创性思考的机会，我们提高考试难度，充分发挥学生的潜能。通过在低年级纳入这些改革，我们希望最大限度削减在高年级进行高强度干预的需求。

几年前访问独立学校上拉脱维尔学校的经历促使我产生了强化课程的想法。走在伍德街上，要是你把紧邻伯灵顿·丹麦学院的那片郁郁葱葱的体育场草坪当成我们的资产，那是可以理解的，但实际上很多年前它们就已经被卖给上拉脱维尔学校 —— 汉默史密斯地区一所优秀的独立学校。访问上拉脱维尔学校的那天早上，我去听了一堂伯灵顿·丹麦学院七年级最优班的英语课。那节课非常棒，学习的是一部青少年小说。而在上拉脱维尔学校，我看到同年级的学生在英语课上学习《恺撒大帝》（*Julius Caesar*）。这件事彻底改变了我。我一回到伯灵顿·丹麦学院就推翻了原先的英语课程，我要求英语教学组长从第一性原理出发，立即设计一系列严谨、有挑战性、有知识性的课程。我的理由是，学生阅读青少年小说不需要我们的帮助。于是便诞生了改进关键阶段 3 课程的想法。所有学科部门的领导者都要花时间设计新课程，新课程必须成为在关键阶段进一步学习该学科的合理基础。有人形容这件事像是以"理智的诚实"态度进行教学，如此，关键阶段3的学习就能真正成为关键阶段4、关键阶段5，甚至未来攻读该学科学位时的基础。学生一如既往地不需要太久就会对这些高期望值作出反应，所有教师与校长的职责都应该是"设置远大目标，提供全力支持"，而不是为自己的学生设置成绩的玻璃天花板。

将中学教育从11—16岁延长至11—18岁是最近一项值得欢迎的趋势，但现在我们必须将注意力转移到另一项巨大分歧上：小学与中学之间的衔接断层。英国的小学与中学有着巨大的区别。小学平均规模为224人，而中学的平均规模为940人。小学阶段，学生更多地待在同一个教室里，跟随同一名教师学习大部分科目。这就意味着11岁的学生大半个7月都还在教室里和同一名教师、同一批同学相处，到了9月，进入中学后就要和10名不同的教师打交道，还要在一天里移动到不同的教室。这是一种地震式巨变，但最令我惊讶的不是这些实际区别，而是并没有令人幸福的理由推动小学教师帮助学生为在中学取得成功做好准备。只要学生离开了小学，就不再是他们的问题了。就好像我们在学生不清楚即将面临的挑战的情况下就把学生送去第六学级一样，小学没能培养学生掌握中学阶段所需的能力。我最大的不满是识字标准。2008年政府官方数据显示，20%的学生在11岁从小学毕业时属于"功能性文盲"。如果我们征询公众意见，问他们小学教育的第一要务是什么，毫无疑问他们会将识字排在第一位，因此这么多学生在经过7年全日制教育后无法满足这项最基本的要求实在令人震惊。

进入中学要做哪些准备？

最近有大量关于学生小学毕业时达到"准中学"水平的讨论。

下面是我希望学生进入中学第一天时已经掌握的能力：

• 阅读水平达到相应年龄水平；

• 会结构化写作，有句子与段落；

• 乘法表能背到12×12；

- 正确拼写 100 个最易拼错的单词；

- 讨论他们读过的几本书的作者；

- 自信地与同学互动；

- 在一名听众面前表达自己；

- 能使用刀叉；

- 能游 25 米；

- 能正视别人的双眼进行谈话；

- 有过某些承担责任的经历，如点名班长。

在内城，统计数据可能更加糟糕。我记得 3 年前一批七年级学生入学，他们中的 85% 在开学摸底考试中的成绩低于他们年龄该有的水平。小学校长和教师对这些问题肯定有他们自己的看法，但近年来抵制 11 岁进行全国考试的做法不起作用。中学已经接受透明是确保问责的必要条件，我们也从严格的标准化考试与排行榜中获益。这种标准必须延伸到小学阶段，政府也应该继续鼓励发展一贯制学校，为 4—18 岁学生服务，同时允许优秀中学兼并表现不佳的小学。小学并入更大的机构能为有抱负的小学教师与校长创造机会，他们正好感到若要在职业上更进一步，提高收入，就要去中学工作。小学与中学合并也使各学科教师在小学阶段的工作更加容易，改变目前同一名教师要教授 10 岁学生科学、历史、外语、数学和英语等各种领域的知识。我很高兴看到教育优先现在已经涉足小学教育，我也欢迎中学阶段取得成功的倡议进一步推广开来。

是时候彻底审视一下该如何选择并培训小学教师了。小学高年级阶段，学生迫切需要专业的任课教师，而不是"万金油"一般的教师。孩子们在收费准备学校里通过包含不同学科不同任课教师的课程表获益。专业性带给教师自信与热情。教师在外语和体育课上惊人的状态差尤其证实了这一问题，科学课也一样，而缺少实验室则令问题变得更加复杂。一名教师教授小学阶段所有科目带来的另一个问题是，若你遇到一名平庸的教师，便会每天、每堂课都要面对这名教师。

关于贫富学生之间的成绩差距，最值得警醒的恐怕是从5岁起差距就很明显了。约瑟夫·朗特利基金会2010年的一项报告宣称，"贫富家庭的孩子从3岁起在认知发展上产生巨大差距，这种差距在5岁之前逐步拉开"。最近一项研究发现："贫富家庭儿童之间认知发展的差距很早就已经产生，来自最贫困的五分之一家庭的儿童在入学前的词汇测试中比中等收入家庭儿童落后11个月。"关于早期教育已经谈了许多，但根据实证，我们似乎不能等到小学阶段再开始干预，而应该加倍努力，帮助贫困家庭接触到高质量的早期教育。

一贯制学校

未来几年内，登记在案的一贯制学校数量将会增加。多数是初创学校；有些学校，例如伯灵顿·丹麦学院，正在扩大课程供应量，在同一座校园内接收4—18岁学生。这种做法想要成功的基础是，小学必须有其独特的风格，因为小学和中学阶段区别很大。

一贯制学校最吸引人的好处是现代语言、音乐（包括乐器指导）、艺术和科学方面的任课教师与资源可以与小学共享。有多少时候，教育的失败不是因为学生能力不足，而是因为平庸的教师难以推进教学？一贯制学校——部分得益于规模经济——有机会进行改良，增加最好的员工的影响力与影响范围。一贯制学校可以共享学科部门，例如SEN/EAL、一线团队、财务办公室、天才班等，为年龄更小的孩子提供小学一般无法提供的机会。

我也很激动，有机会从学生4岁起就跟踪他们的成绩并规划课程，这样学校就能通过前后一致的要求、思想和哲学来塑造并指导学生，实现一场无缝转换的旅途这一理念。过去只有当某些中学作用十几所小学生源时才能想象。员工培训发展机会更多了，学校与家长和社区之间的关系可能变得更加紧密。

七年级——中学教育的第一年——是一个重要的学年，因为学生将从小学过渡到中学阶段。我们不得不接受，某些学生可能在七年级开始时并未掌握足够的文学与数字基础。但我们为什么要让学生把这些缺陷带到八年级？我提议七年级第一学期过后，学校应当阻止文学与数字水平未能达到要求的学生进入下一阶段学习，通过密集辅导帮助他们达到升入八年级的水平。如果他们无法在这些基础技能上立即取得进步，那么他们就要重上七年级。是的，这些学生会在七年级的两学期内错过戏剧、艺术、人文和语言等课程，但若不去大幅提高英语和数学水平，将会阻碍他们中学阶段的整体学习。

探讨学校周边政治框架的章节必须包含对英国教育标准局，政府督查的探讨才算完整。首先我们要认识到，学校和督查并非天生一对。就像所有社群一样，学校有其独特的性格，融合了学校所在地人口统计构成与价值观，学校历史以及校长和教师们的个性。学校按年度运营，定期活动与紧急事件贯穿全年。同一所学校，可能在 9 月温暖的阳光下流露出满满的希望与承诺，而到了 2 月一个灰暗的周二，则会给你留下截然不同的印象。我们能在教室里看到更多这样的季节性变化，学年的不同时间节点上，考试时间表都会指明学习进度与学习目标。正如我之前所提过的，教师与他负责的每个班级都形成一种关系，很难在走进教室督查的 25 分钟内界定这种关系是否成功。丰富的学校生活与健全的审查框架之间存在天然的紧张关系，因为审查必须以走访学校期间标准不变且有实证验证为基础。我不是说学校应该有自己的做法。不批改作业的教师不能抱怨学生不写作业，我也毫不怀疑，如果允许学校简单地进行处理，标准便会下滑。人们希望获得赞扬，他们希望自己的努力获得外界验证，学校、校长和学生亦是如此。

部门领导者手中的英国教育标准局材料

我们学校设立了一间英国教育标准局资料库。一间存放所有实证与评估并持续更新它们的房间。学科部门带头人按固定格式准备部门手册，详情如下：

为什么要学习这门课？它的根本价值是什么？部门有何贡献，例如对长大后人生所需的学术能力目标有何贡献？

1. 程序：

• 员工名单，含各人资格信息；

• 时间表，包括布置安排、分班信息图表（或清单）、教师安排、是否有并行课程等；

• 班（或教学组）名单，含性别比例、当前成绩数据、SEN 与 EAL 信息；

• 住宿与普通资源，包括行政、设备采购流程；部门遗失图书的收费政策；复印机；

• 考试布告与论文引用数；

• 部门关键日期；

• 健康与安全；

• 识字战略；

• 模范工作与照片展示；

• 教育访问及示例邮件，风险评估等；

• 职业发展；

• 家长联系；

• 交叉学科事项：科目内ICT，学生精神，道德，社交与文化发展建设。

2. 监督部门工作：

• 家庭作业与监督家庭作业；

• 备课：要求行动；

• 听课及其日程安排；

• 同时互相监督及其日程安排；

• 批改作业、复习、不同水平的样卷与示范作业；

• 成绩提升策略／干预策略；

• 使用学生数据；

• 成绩管理；

• 行为支持、策略与奖励；

• 课堂支持，EAL时间表与实施；

- 课程截止日期；

- 以往部门的英国教育标准局 / HMI / 顾问报告及后续采取的行动。

3. 政策与文件：

- 机会平等，例如，部门如何纪念文化多元化？如何保证材料是促进机会平等的？

- 部门如何推进"每个孩子都重要"。

- 课程范围。

- 考试正常与所有考试问题。

- 进展：目前九年级与十一年级成绩与预测成绩的对比。

- 面向学生与家长的分数描述。

- 部门备考会议与本年度会议记录。

- 员工缺勤：部门政策与封面示例。

4. 战略计划：

- 员工行动计划；

- 考试回顾；

- 部门 SEF；

- 部门学科提高计划与以往计划回顾。

5. 工作框架：

- 所有关键阶段的工作框架范例。

英国教育标准局：针对学生的关键提问。

- 你现在几年级？

- 你的目标水平 / 分数是什么？

- 你在这门课上学到了什么？

- 你觉得这门课最难的地方是什么？

- 平时这些课也是这样的吗？

　　就像全国课程标准一样，英国教育标准局是 1988 年教育改革行动的产物，我很高兴自其成立以来，已经做出一些改变，缓解上文介绍的某些紧张关系。过去学校会在接受检查前几个月收到通知，于是有时间采取一些不道德、不专业、不诚实的措施，例如给墙壁重新上漆，在走廊装饰绿植与鲜花，或者在检查期间禁止爱惹麻烦的学生来学校。我甚至听说有位校长禁止一些有问题的教师来学校。这种投机取巧的行为已经行不通了，现在我们会在接受为期两天的检查前24小时收到通知。我也很高兴看到英国教育标准局更加强调公开所持数据和学校自我评估文件，部分减轻实地访问的压力。这样在检察员到来之前，他们就已将该学校的表现与周边学校以及全国标准表现对比，对其了如指掌了，检查本身更重视验证。但仍有部分投机取巧的元素被保留下来。学校想获得顶级评价——"优秀"——两天内被观察的课必须大部分都被判定为优秀。教室访问通常包括25分钟的听课时间，在如此之短的时间内判断一堂课的质量并不容易。以数学或英语教师为例，这25分钟时间相当于教师每年在这门课上与学生共度的时间的25%。通常，在25分钟的听课时间内学生都思想集中，相当投入学习，但这样的活动不一定能作为检察员判定课程"优秀"的证据。于是精明的教师可能会中断教学活动，与全班进行一段简短的对话，证明他们取得的成果。很不幸，无论区别多么微小，通过英国教育标准局检查与教一堂伟大的课或运营一所伟大的学校并不能同日而语。

很高兴当我开始写这本书时，英国教育标准局已经渐渐不再执着于审查个别几堂课，而是进入课堂寻找实证，再通过后续汇总得出整体"教学"水平。现在学校拥有如此深入的数据，我建议英国教育标准局注重找出考试成绩无法显示的方面。学校是否培养学生全面发展？是否培养领导力、公民能力和文化参与度？是否认识每名学生并安排至少一名成年人协助他们，学生是否互相尊重并尊重教师？总的来说，我欢迎来自英国教育标准局的审查，并且这几年我们学校获得的评价已成为我们自豪的源头。学校会禁不住诱惑为失败找借口，例如指出学生背景，还会投机取巧展示成功之处，例如让学生学习过多对学校排行有利的低质量课程。这就是为什么我们需要监察来指导学校工作。再次重申，阳光是最好的消毒剂。

英国教育标准局与中层领导：向部门领头人提出的关键问题

无论成绩有多好，英国教育标准局十分看重校内变化。

你该准备哪些实证与干预措施？

• 读写能力是一项重点检查项目。你的部门是如何做的，有怎样的影响力？

• 社会道德精神文化教育是英国教育标准局的关注点。你的部门是如何做的，有怎样的影响力？

• 能按各种学生类型（性别、种族、入学时的能力、家庭收入等）辨别出任何成绩不佳的群组，迅速介入帮助他们。了解个人情况。

• 英国教育标准局认为真相就在书页之间。细致盘点本学科的作业本：批改是否公平，是否前后一致？是否有助学生提高？有没有学生自评与互评的实证？你应该具备哪些实证和干预措施？

• 教与学是主要关注焦点。监测、跟踪与支持。你的关键实证是否清晰且容易获取？

• 英国教育标准局希望看到拥有共同愿景并能够团队合作的中层领导。你有哪些实证能证明自己的影响力？

• 英国教育标准局要求优秀学校的教学活动优秀。你能给出哪些实证证明这一点？

结语：校长必须接受并拥抱多变的教育政策，同时也要确保从学生利益出发执行政策。

第十一课　小石子与大山

让你精疲力竭的不是眼前需要攀登的大山，而是鞋子里的小石子。

—— 穆罕默德·阿里

上面这句名言体现了校长面临的双重挑战。通过展示前景来设定清晰的长期愿景很重要。但同时我们也要清除眼前的障碍，要充分接触学校生活的每一个细节，发现"鞋子里的小石子"。

来到伯灵顿·丹麦学院时，我很清楚我们需要攀登的高峰是创建一所杰出的学校，大多数学生能取得 5 门以上优良中等教育普通证书考试成绩。我万分清晰地向每个学生与组织传达这份愿景，并且每天都在重复。我还不断地强调，我知道杰出学校的样貌，我也知道如何在西伦敦的疤痕之地上建立一所杰出学校。在伯灵顿·丹麦学院工作期间，我不断审视这份愿景，并对我们的进展进行判断。我需要从日常挑战中脱身，俯瞰更大的图景。这让我认识到一些东西，例如从领导转型阶段转变为进一步系统性阶段的时机。转型阶段本身包含两个阶段。我把第一阶段称为"重症监护室"：病人情况危急，病情稳定之前需要采取紧急行动。包括处理低期望值情况，要求一小部分不合格的教师与学生离开组织。有些校长沉醉于这种高强度转型阶段。有些人停滞于此，不愿放弃重症监护阶段直接、果断的措施带来的确定性。但这个阶段只是暂时的。这种情况具有发生变化的潜在可能，它缺乏信任与稳定，继续用医学用语作比喻，谨慎的领导者会为了长期发展逐步让组织进入"严重但稳定"阶段。伯灵顿·丹麦学院的第一阶段持续了 6 个月；第二阶段持续了 12 个月。第二阶段仍然属于转型阶段，但更具发展性。在一开始劝走不合格教师与学生后，第二阶段的行动还包括帮助留下来的人获取信心，说服他们相信他们在新体制下能够发展并取得成功。在开始的 6 个月里，我们要求提前递交所有课程的教案；在随后的 12 个月中，我们关注培养教师的高质量技能。在第二阶段，我本人的任务是保持精力旺盛，高度可见，因为我试图保持学校在我到来后建立起来的高强度。

> 我们的共同愿景是成为一家这样的学院：
>
> • 真正以学生为中心，将教与学放在心上；
>
> • 鼓励学生对自己的学校负责，最大限度地挖掘潜能，并享受学习；
>
> • 对学生有最高的要求；
>
> • 表彰任何有特殊才能的学生；
>
> • 倾听学生想法，根据他们的想法做事；
>
> • 保证学生安全，建立相互支持与相互尊重的氛围；
>
> • 帮助学生全面发展 —— 智力、身体、经济、文化、社交、精神、道德以及融入令他们感到安全、愉快且被重视的健康社区；
>
> • 鼓励学生理解平等并尊重所有宗教、文化与生活方式，确保学生顾及他人感受并了解其行为对自己和他人的影响；
>
> • 让学生发现自己比想象中更有能力，明白每个人都能成功；
>
> • 展望未来的同时也不忘享受当下。

18 个月之后，我们进入了新的发展阶段，我们称为职业化。此处焦点是在计划、教学、批改与沟通中贯彻高标准。我们坚持惯例，坚持举办仪式，对学校生活的各个方面采取系统的措施。我们开始用短信与家长沟通。食堂的现金交易改为指纹扫描识别，消除学生享受免费午餐的耻辱感。领导权更加分散，工作小组和学生理事会在树立学校政策的过程中作用更加重要。绩效管理得到了彻底改变，让从午休时间主管到年级组长的全体员工自年初就设定有意义的目标并一直跟踪进展。为教师提供硕士补贴，加强了我们是一个学习型社群的事实。

下一阶段被我们称为"协作"阶段。建立自己的体制和流程后，我们可以开始向外看，与其他组织分享好的做法。我们向来自英国与海外的有兴趣的组织敞开大门。我们的年级扩展到第六学级，并开始规划小学部分。我开始介入各种咨询组织与政府委员会，培养各种关系用于丰富伯灵顿·丹麦学院这个社群。我们才成功吸引了国内外媒体的注意，从而进一步加强了组织的信心。

此处缺失的一个阶段是巩固阶段。维持贫困地区学校的活力需要面临如此巨大的日常挑战，以至于我们永远无法达到一个只需要巩固的阶段。我也不认为领导者宣布迈入巩固阶段这件事会对组织产生积极影响。学生永远不可能完全掌握学问，教师永远不可能完全掌握教学技艺，学校也永远不可能完全满足培养一大批多元化有活力的孩子的挑战。因此，我不会将学校成长的最终阶段称为巩固阶段，而会称为"更新"阶段。领导者在这一阶段的工作就是防止自满，促使组织寻求持续进步；挤出能改变学生的哪怕是极微小的收获。

因此，我们不遗余力地追求任何可能的优势，保证学生取得最佳成绩。我是个相当有竞争力的人，我喜欢我们的做法，类似竞技体育团队无论优势多么微弱也要尽力争取的做法。在运动领域，这是人们熟悉的做法，再微小的进步也能经过漫长的赛季产生作用。天空自行车队将这种方法称为"边际收益总和"。他们参加环法自行车赛时，抵达宾馆之前便已有一名成员为车手更换床单，将宾馆的普通床单换成车手每天晚上要睡的抗过敏床单。一名车队主厨将接管厨房一隅，确保车手的营养需求得到满足。克莱夫·伍德沃德执教英格兰橄榄球队时也同样事无巨细，为了提高成绩 1% 能找出 100 种方法，例如把厚重的面部橄榄球衣换成紧身化纤面料上衣，让对手更难拉扯。在《从优秀走向卓越》中，吉姆·柯林斯称为"冲洗奶酪"，这是为了纪念一位铁人三项运动员，他每天吃奶酪之前会用水冲洗一下奶酪，减少 0.5% 的脂肪摄入量。这种方法在学校很有用，我们有成千上万个机会能通过学生在课堂上与我们共处的时间帮助他们，尤其适用于考试季，学校头条标题上的数字 —— 例如 79% 的学生取得 A—C，含英语与数学 —— 是 180 名学生至少考试 10 次才得到的。因此，我们利用每一个机会增加学生的机会，例如考试季提供免费早餐，考试开始前提供香蕉和水，发短信提醒学生参加考试以及在校内开放安静区域供学生复习。

小细节可以大大改变复杂的组织，我们努力创造一个有利于学习的环境：花坛、门挡、乒乓球桌。马尔科姆·格拉德威尔的《引爆流行》中验证了这种注重细节的做法。他描写了 20 世纪 80 年代中期一位受邀改变纽约地铁的男子，他并没有从改变整体结构入手，而是从处理涂鸦开始。这种做法是基于一种 1982 年被首次提出的犯罪心理学 —— "破窗" 理论："想想一座只有几扇窗被打破的建筑。如果不去维修窗户，人们就产生打破更多窗户的破坏倾向。他们可能甚至闯入建筑，如果是空置建筑，他们可能会非法占据该建筑或在里面生火。"

格拉德威尔用自己的语言 "环境的力量" 总结了这一理论：破窗理论与环境的力量是一回事。他们的前提基础都是歪风邪气是可逆的，可以翻转的，只要修正当前环境下最小的细节即可。这一理论与我担任校长的经验一致。破窗理论尤其能引起共鸣，因为我们的团队告诉我，我们成立学院之前，每年都要花几万英镑修理学生破坏的窗户。现在窗户仍旧偶尔被打破，但我们总是立即更换。对涂鸦的处理方式也是如此，如此处理是作为校长在巡视过程中培养起来的直觉之一。留下一幅涂鸦会带来一种我们的大楼无人监管，缺乏自豪感的印象，这种印象会植根于学生中间。

至于环境的力量，我们许多教师都认同社会与环境的巨大影响力，这也激励他们决心在后进学校工作，教育改革者们也是如此。迈克尔·戈夫认识到他通过奖学金获得的私立学校教育对他进入阿伯丁的罗伯特戈登学院十分重要，学院先驱安德鲁·阿多尼斯也曾指出他儿童时代就学的私立学校所带来的影响。阿多尼斯和戈夫追求的改革能让人感受到，由于他们童年的经历（戈夫在婴儿时期被收养），他们了解事情本该多么不同。《引爆流行》中，格拉德威尔给出了大量案例，表明人们明显受到极微小的环境因素影响，例如黑人学生在被问及族裔的测试中成绩更差，想必他们是想起了自身族裔关联的低期望值。格拉德威尔总结道："我们受到周遭的巨大影响，身边的环境和周围的人。" 这些理论 —— 破窗理论和环境的力量 —— 谦卑地提醒着我们，贫困的童年不应该意味着贫困的成年；未来本不必重复过去。

我对学校环境的挑剔做法让团队成员常常在看到我走近的时候逃开。没有借口让走廊破破烂烂，地毯磨损，地板粘着口香糖；管理物理环境是任何领导免礼的最最基本的任务之一。我们希望学生为学校感到自豪，这要从环境开始。最近去了一趟令人振奋的位于东伦敦的贝斯那尔格林学院，使我更加相信明亮的走廊布置的力量——不仅仅在小学，其他地方也采用大胆、引人注目的壁画与布景形成刺激学习的背景。展示早已离开的同事的照片或几年前的简报，也是学校倾颓的标志。因此，我要求员工更新自己的教室和走廊布置，特别是在新的一年开始之前，此时物资与精力尚未用尽，每年 10 月底第一周，公开日与公开夜之前也要更新。当然，优秀的教学大楼未必代表优秀的学校，但我害怕无法维持有吸引力的、有刺激性的物理环境的领导者。

校服是学校社群建立其独特识别度的有力工具。校服反映了学校的品牌，我领导任何一所学校时都坚持全体学生自豪地穿着时髦、专业的校服。皱巴巴的领带，没烫平的衬衫或帆布胶底鞋显示出微妙而清晰的不服从信息，必须在第一次发生时就正面处置。我来到伯灵顿·丹麦学院之前，学生不穿规定的鞋子时学院会发给他们一双全黑胶底鞋。本意是让学生不要违反着装规定（正式黑鞋），但可以预见，胶底鞋变成了一种身份的象征：完全起到了反效果。据说青少年穿低腰牛仔裤的趋势从监狱流传而来，在监狱取下皮带是对不服管束的囚犯的一种惩罚，于是低腰演变成一种荣誉勋章，复制到街头。有人担心校服会抑制个性，但我认为学生无须通过着装表达他们的个性。我们的挑战是创建和谐、团结的社群，我们将使用所有可能的方式完成这一挑战。学生按规定穿着时髦、专业的校服向公众展示一致性，若无法做到这一点，便会显示出弱点，被某些学生加以利用。

规范与仪式是学校努力将自己的价值观与街头价值观划清界限的有力工具。这也是为什么我们要在每天伊始让各年级安静地列队，由辅导员检查校服并点名。年级组长负责监督整个过程，站在野餐桌或其他操场设施上扫视他们负责的学生。听起来似乎有些混乱，但每天早晨让 1 000 名年轻人列队为接下来的一整天释放出清晰的信息：今天的学校生活开始了，我们提出了较高的期望值。相对这种秩序性惯例，我本人更倾向自由，但若你在后进学校工作，要不了多久就会意识到那句古老格言的正确性，秩序带来解放，纪律带来自由。我见过许多教师，他们有最有创意的教案却在实际授课时失利，因为他们没能在课堂上建立起基本的尊重与控制规范。没人比迈克尔·威尔肖爵士总结得更好了："有人说我们很严格。我们给来自无序背景的孩子带来秩序。如果家长或社区没能为他们建立边界，就要在学校为他们建立。我们教会学生区分对错，区分好坏。他们知道如果扰乱课堂或粗鲁地对待教师，就要承担后果。"

伯灵顿·丹麦学院的风景与气息

每所学校都有其独特的感觉，我们都能回想起学校晚餐的滋味、打蜡地板的气味和木工教师的口臭。漫步伯灵顿·丹麦学院，会让人发现独特颜色、形状、气味与风景的组合。

令人难忘的风景包括三五成群的青少年；学生早晨列队时，呼出的白气和太阳一同散在寒冷的空气中；门廊和楼梯一时拥堵；一群教师围着卡纸的复印机生气，红色的指示灯一闪一闪；塞在小西装口袋里的瓶装水；年级组长结束一场家长会，正要去解决纪律问题，轻快的脚步和严肃的神情隐约透露出她在一整天严肃工作中的些许乐趣。

气味包括休息时间闻到的辛辣的大蒜香味，因为有人正在烹煮午餐要用的咖喱酱；八年级学生刚刚腾空的一间教室，里面散发着汗臭味（到了这个年纪已经会出很多汗，却还都不太懂得除汗）；潮湿的日子里，潮湿的校服散发出的霉味；以及我办公室楼下的烹饪教室里，大家烤制巧克力布朗尼蛋糕的香甜气味。

一路上听到的声音包括乒乓球桌上发出的乒乓响声；复印机连续不断发出的咔嚓声；学校大钟发出的轻微的嘀嗒声；青少年互相对话的喧闹与他们发出的阵阵惊呼。

所有这些风景、气味和声音构筑起一段丰富而又难忘的感性经历，成为学校独特节奏的一部分，规律的上下课铃声为它写下标点。不易觉察，却相当有力的，是人类能量的潮起潮落，因为每天有 1100 份荷尔蒙、化学物质和内啡肽在这里来来往往。

在塞勒和桑斯坦的《助推》(*Nudge*) 一书中提到了关于影响行为的一些有趣窍门。他们引用了果尔德施坦因等人的一项研究，旅馆若想节约清洗床单和毛巾的成本，可以在浴室放置一张贴纸，上面写着"多数客人重复使用他们的毛巾"。我们的行为深受身边人的影响，因此客人会倾向于回应这条"参考常态"信息。后来桑斯坦在白宫为奥巴马总统工作，据说戴维·卡梅伦在唐宁街 10 号设有自己的"助推部门"。这种方法很容易被忽视，因为学校并不重视舆情操控。但我认为我们可以从中学到一些东西。阿拉斯泰尔·坎贝尔，舆情操控方面的代表人物，提出了一份蓝图。他说，"OST"是我的首要原则 —— 目标、战略、战术。任何一样出了问题，你就有麻烦了。

我们的目标很清楚：通过严格的标准和优秀的成绩恢复伯灵顿·丹麦学院的骄傲；随后便有了战略 —— 让正确的人发挥正确的作用 —— 于是我能接受更为战术性的做法，将纪律行为推向正确的方向。我们能在哥本哈根街道上发现一个助推行为的例子，那里的街道上绘有绿色的脚印，引导人们走向垃圾筒。助推能起到作用的前提是，我们不像自己以为的那样理性，我们的行为会受到环境因素的影响，例如身边人群的行为，我们工作的环境条件以及人们对我们的期望。于是学校便成了助推理论的最佳测试场所，因为我们的工作就是影响人类的行为。我们如何助推我们的学生？一种简单的方式是私下进行批评和纠正工作，公开进行表扬。这一点显而易见，我在广播与新闻简报表彰中对值得表扬的学生大加赞赏，而对那些不符合期望的学生则会私下处理。同样，学院四处展示的上百张照片描绘了一群积极负责的，努力学习并享受学习的学生。贴在地毯中央的红色胶带提醒学生在走廊上靠左行走。家长通过家校协议允许学校执行当天留堂，确保我们能够及时执行改进措施 —— 在一周后再对不交法语作业的学生实施留堂几乎毫无意义。这些做法大部分都是常识，但聚少成多就能帮助我们建立一系列仪式与规范，让我们与所处的社区保持距离。

本课我们讨论了校长面临的双重压力，关注远处的大山，同时关注脚下的小石子。只关注大方向的校长会失去员工的信任。教师的日常经验与校长的崇高目标之间会产生一道危险的鸿沟。但若校长只沉浸于日复一日的细务之中，他很快就会发现自己领导的组织群龙无首，员工纷纷倦怠，因为他们找不到能令自己每天的努力有意义的长远目标。

结语：领导者必须始终关注当下与长远目标；他们必须抓住学校生活的细节。

总　结

　　无论是否来自贫困家庭，在学校表现良好的孩子都更可能在生活中获得成功。

为何坚守

　　我为这本书定名《一校之长的坚守：关于学校管理的11堂课》是因为我相信只有校长坚强，学校才会强大。这一观点很容易受到指摘。人们可以争论说这样做是在提倡一种过时的组织模型，这种模型下组织结构呈垂直线性，员工权利被削弱，只能遵循上级指示而不能为自己思考。也可以争论说这样做是束缚社会因素的影响，鼓励"巨头"形式，从而追求短期收益和轻松胜利。它可能忽略了无数能对学校成功起到作用的手段，而仅仅关注最明显的那一种手段。事实上，认为领导力依然重要已经过时。描写一种学校不依赖强力校长也能获得成功的模型其实更加容易；这种模型下学校兴旺发达是由于学校制度的完整性与一致性。正因学校成功并没有万能公式可循，领导力才依旧重要。我认为这其中有两个原因。

　　其一，没有两所学校是完全相同的，因此校长必须调整学校成功的标准化要素，去适应当地环境。这种环境相当复杂，包括学校历史（包括当前与更久远的过去），办公室文化，操场上的价值观，当地人口构成，员工的长处与短处，学生的性情，设施与资源，当地其他学校的质量，最近考试结果，本地就业前景和管理团队。校长必须考虑所有这些因素，并在接受学校领导工作后，经常回顾这些要素，从而采取合适的手段。

学校成功的标准要素

本书坚持认为校长必须让自己的学校适应本地环境。但任何优秀的学校都应具备下列要素：

1. 高期望值　积极相信并要求每名学生都能取得巨大进步。公平对待垫底班与尖子班；

2. 课堂上对自主性乐在其中的伟大教师；

3. 发挥长处的校长；

4. 课程前后一致，通过时间积累培养学生掌握知识；

5. 精确评估学生成绩的评估程序；

6. 通过透明的数据反映学生（与员工）的表现；

7. 细致的个性化干预：帮助差生；挑战能力较强的学生；

8. 健全的组织机构，员工有其明确的角色与责任；

9. 培养教师才能的教师发展项目；

10. 体面的设施与资源；振奋人心的物理环境；

11. 帮助学生全面发展的俱乐部与旅行活动；

12. 通过教牧系统了解每名学生；

13. 清晰自信地与家长和其他合作伙伴沟通；

14. 强大的社区关系，融入当地环境；

15. 职业 / 大学项目；

16. 通过学生理事会或类似组织善加利用年轻人的意见；

17. 迅速明确地进行奖惩；

18. 来自管理团队 / 赞助人的支持与审查；

19. 通过规范与仪式提供熟悉感与归属感。

其二，领导力对学校的重要性是本书反复提及的主题：学校是紧密的人类组织，本质上几乎是一种部落。学校的工作是在成人与儿童之间传递知识与技能，它创造出的环境充满了人的紧密性与活力。在这样的环境下，人们渴望强大的领导者来提供稳定性。这样的领导者再三向学生、教师和家长做出保证。几乎任何校内发生的事务都以人与人之间的互动为基础，这也是学校与其他组织的不同之处，它更依赖人的指示，而不是系统化流程。回到本书开头的约翰·刘易斯百货商场，商场服务的最后一个环节是设计店员与顾客之间的互动，但那只是冰山一角，支撑它的是比人类更为公式化的系统与流程。采购团队会参照历史定价数据决定货品的最佳价格，物流团队运行算法将货物配送至货架；而在学校，行动总是近在眼前，这就形成了精巧的组织动态，需要领导者精心培养。为"坚守"模式辩护的过程中，我也应当承认学校领导者，如教师，必须发挥自己的优势。我最有用的特长恐怕是，通过建立积极工作关系与有目标的集体精神来激励组织朝着共同目标努力的能力。我对学生和员工提出高期望值，通过透明地处理数据并严格注重细节，指明组织表现的方向。用赞美与认可强调员工取得的成就，很快激发了惯性，使成功变为常态。我也承认其他学校领导模式的存在，它们不太依赖强大的首脑，从而发挥出自己的优势与风格。

通过近40年的教育工作，我认为校长决定了一所学校的成败，尤其是具有挑战性的城区学校。校长有责任做一台减震器：在动荡的环境中成为稳定、方向与放心的源头。我还没见过哪一所有挑战性的学校不靠校长就能成功的：如果校长不够好，整个组织就会受到压制。这种领导模型是否太过自上而下？我的回答是，我希望学校中所有的领导都做到坚守，若课堂的领导者不是教师，还能是谁？教师必须在他们的课堂上强调自己，就像校长必须在学校里强调自己一样。同样，我希望学科领导和年级组长主动为部下指明方向，负起责任培养他们希望培养的价值观。于是这种领导模式直接贯通组织上下。考验领导是否高效总是在组织领导者缺席的状态下进行的。伯灵顿·丹麦学院于2012年接受了这项考验，当时我在位于布里克斯顿的另一所方舟集团学院担任执行校长，每周我会去那里2—3天。在我缺席期间，下属强大的领导力与伯灵顿·丹麦学院的标准令我倍感安心。

领导素质

伟大的领导者是：

• 可见、可接触的　领导者是组织的门面，必须赢得关键利益相关方的信任；

• 士气向上的，可靠的　他们言行一致；

• 主动的，有策略的　他们设置清晰动人的愿景；

• 能够承担责任　冷静，有权威，果断（主要的问题解决人）；

• 泰然自若，作假会被轻易戳穿；

• 有组织性，有良好的时间管理技能；

• 团队建设者，创造信任，培养强大的关系；

• 能适应环境，但又不会做政治潮流的奴隶；

• 注重细节，站在高处而不是地板上观察；

• 不懈进步；

• 愿意区分　人人都不相同，但公平很重要。

我在布里克斯顿的日子提醒了我，没有两所学校是一模一样的。我在伯灵顿·丹麦学院花费了很长时间与学生建立积极的关系。他们怀疑，愤怒，而且忧郁。你能感受到他们被背叛，被打破承诺的心情，学校是周边社区支离破碎的世界的一面镜子。我对缺乏温暖的情况感到震惊，这和我在圣心学校所熟悉的愉快而具有活力的学生文化完全相反。

每所学校独特的个性再次强调了，校长面对挑战需要调整他们的方法。即使在同一所学校，校长也会在领导过程中不同的时间节点采取不同的风格。刚到伯灵顿·丹麦学院时，我采取的是转型式领导，用指挥和精力消除蔓延在走廊里的不良氛围。在几个月后，我获得了高层领导的信任，他们也获得了我的信任。这让我有精力做更多的事，此时，我的大部分时间都用来与高层领导谈话，检查他们在各自负责的领域的工作进度。在伯灵顿·丹麦学院的暮色下，我做了更多系统化工作，把未来对学校大有用处的日常惯例与流程一一嵌入其中。有趣的是，2010 年麦肯锡一份题为《全世界最先进的学校体系如何保持一直进步》的报告指出，调整方法的做法既适用于国家学校体制，也适用于个别学校。作者为教育体制发展过程中各个不同的阶段提出了不同的干预建议，原始的国家教育体制能从"脚本化教学手册"中获益，但要从优秀走向卓越，学校应当注重"培养教师和校长开展同行互相学习"。

我曾说过，考验领导是否高效总是要看领导者缺席的状态下组织是如何运行的。那么远程领导又是怎样的呢？例如南非一所境况不佳的学校联系到英国一位成功的校长，请求对方指导自己如何进行学校改革，那位校长能否远程提供一个模型，提高那所学校的成绩呢？校长也许能够提出新体制与新流程；绩效管理体系或许有助于清理不合格的员工；改变课程也许能改善学生的学习体验；数据管理系统或许能指明组织工作的防线；但真正影响你提出的改变，是要亲临现场，与关键利益相关方建立联系，寻找你希望加强的高期望值，评估员工办公室的情绪，检查体制是否已按要求搭建。这种情况揭示了学校领导的关键原则：校长的可见度。校长在学校漫步时，他们应该至少带着一丝庄重。我曾与一位形象模糊的校长共事。他悄悄匿名潜入教室，四处游走，就像谦卑的仆人希望清理主人宴会上的盘子却不打扰客人。我希望在步入教室时学生可以起立，不是为了场面好看，而是因为我是校长，一份能让学校运转的、需要尊重的工作。

简言之，领导就像一个打开的水龙头，你无法把它关掉 —— 你时刻都在工作。你怀念教课的日常惯例，怀念能够关掉教室门上一堂精心准备的课的那份奢侈，直到接下来的一个小时不会有人打扰你。你的个人时间消失了，你不得不培养旺盛的精力，随时传达积极性与安心感。

环境的力量

你会注意到，上述许多观点的焦点都集中在后进学校的校长身上，我相信相对较为舒适的环境，校长在内城起到的作用更加至关重要。因为在内城，学校必须主动发起变革。我们必须改变年轻人的发展方向，这种干预如此艰难，如此耗费精力，如此复杂。一直以来，公共教育的问题在于学校是所在社区的映射，富裕地区的公共教育更好。因此，中产阶级郊区学校校长的挑战是维护一个稳定的学习环境，因为根据他们对学生的了解，无论学校做什么，大部分学生都能以不错的状况毕业。可以说，这类学校的校长认为只是简单地别做错事！校长可以采取放任自流的方式，只要保持大船平稳航行，让教师们在上船教他们的课即可。而城区后进学校的校长则需要扮演根本不同的角色，需要采取主动干预手段改变学生的发展方向。除非我们创建丰富、充满爱、积极的文化，否则街头文化将占据主导地位；除非我们提供有挑战性的、吸引人的、愉快的课堂教学，否则学生的成绩将继续落后于全国标准；除非我们在严谨跟踪学生成绩的基础上提供个性化干预，否则学生将无法发挥他们的潜能；除非我们要求完美无缺的纪律要求并及时惩处不合规行为，否则不满与颠覆就会生根发芽。

若要取得同样的成果，贫困地区的学校不得不比相对富裕地区的学校付出更艰辛的努力。简言之，我们必须做得更好。英国拥有一些绝佳的私立学校，但我认为它们之所以成功，很大程度上是因为那些每天早晨踏进校门的学生。相比我们的学生，那些学生更有可能是得益于他们稳定的家庭生活。他们有更多机会从很小的时候就接触到激发式谈话、书籍以及丰富的文化经验。他们可能生活在没有犯罪，不受帮派影响的社区。更要紧的是，他们的父母积极地选择将后代送进独立学校。这就意味着他们的父母经济宽裕以及他们的父母重视教育。有了这两大要素，无论去哪一所学校，他们都能学得不错。

后进学校与富裕地区学校文化之间的区别就像医院里的重症监护室与理疗病房之间的区别。在理疗病房，主管可以保持低调，允许理疗师们各自做好工作；而重症监护室可调整的空间更小，主管必须纪律严明，清晰地交代任务与要求，必须建立问责与透明的文化，严格处理任何不合规情况。当然，任何校长都能选择用主动改革的风格进行领导，但若学校认为没有必要，这样的风格很可能失败。而且若学生成绩良好，也能进入优秀的大学，就很难让人认识到改革的紧迫性。最近在挪威开展的一次校长会议上我就亲身经历了这样的情况。我与听众分享了我对校长领导力的观点和我们在伯灵顿·丹麦学院采取的严格方法，但我再努力也很难说服那些稳定、成功的学校的校长，我们的方法也适合他们。

颇具影响力的美国教育家E.D.赫希在抨击学校应当"天然"这一观点时提出了类似观点。他认为美国学校深受一项错误观点的危害，那就是知识与技能的习得是一种自然过程，需要学校被动支持而不是采取严格的干预措施："然而教育是一种自然展开这种浪漫主义观念 —— 迄今为止在美国教育史上影响最深远的观念 —— 在现实中涉及读、写、算时根基十分薄弱。根据现有的科学实证，学校的任务是培养孩子自然发展这一观念仅仅是部分真相。"正如赫希承认的那样，彻底放手不干预的做法加深了贫富学生之间的差距，因为富裕学生更有可能通过与受过良好教育的家庭成员之间的互动获取知识与技能；而来自贫困背景的学生除了学校教育便没有任何其他资源了。

再次重申，贫困地区学校面临的挑战与相对舒适环境下的学校面临的挑战完全不同。我们的学生正被低期望值与低成就的浪潮冲走。我们需要阻止他们被冲走，把他们带到水流平稳，没有那么多旋涡与急流的地方，然后逐步教会他们与湍流对抗的游泳技能，避免途中必须要面对的危险与陷阱；相反，大多数相对富裕地区学校的学生身处于能带他们走向成功的潮流之中，学校的任务只是简单地帮助学生浮在水面上并移走偶尔出现的障碍物。正因为被动前进时如此容易，某些私立学校采取措施给学生增加困难。我想起伦敦西南部富裕地区的一所私立女校，校长最近开展了"挫折周"，让女孩们感受逆境的滋味，她认为学生缺乏逆境的挑战。"挫折周"活动包括请来宾发表关于坚忍的演讲，鼓励女孩们参与超出自己现有能力的活动。我为"挫折周"的创意鼓掌，但是 —— 恕我直言 —— 要说逆境，我的大多数学生早就尝够了。现实中，大多数人都会发现自己在某种浪潮中游泳。推广到整个社会中，就会加剧出生时带来的不平等。因此，领导后进学校与领导富裕地区学校具有根本区别，需要一名坚守的校长，他能激励组织主动改变年轻人的人生机遇。

弥合差距

让我们深入研究一下，应该如何弥合贫富学生之间的成绩差距，自由社会中理应令人深恶痛绝的差距。就像某项学术研究中所说的一样，"贫富学生之间的被动教育差距是一项复杂而棘手的问题"。弥合差距最大的障碍是不承认学校的作用，不承认贫困地区学校在正确的条件下能够确保巨大的成就。E.D. 赫希很好地论证了这一观点："我完全同意让全体儿童有社会更加平等的愿望。但那样紧迫的社会目标不该被当作学校无法拉近不同社会成分人群之间阅读水平差距的理由。通过维护教育现状攻击经济现状没有任何价值。若学校本身就能很好地缩短阅读水平差距，那将是对罗斯汀等人期望中的社会至高无上的贡献。"

大西洋两岸都有部分评论家将学校描述成社会的缩影，暗示贫困地区的学校注定批量生产不良结果，这种情况被赫希称为"人口决定论"。回想美国 1966 年发表的颇具影响力的《科尔曼报告》中的结论："排除家庭与社会背景的影响，学校对孩子成绩的独立影响微乎其微；极度缺乏独立影响意味着孩子家庭、社区和同龄人带来的不平等将会一直延续，变成他们成年后所面临的不平等。"

或者我们可以摘录《英国教育研究杂志》（*British Journal of Educational Studies*）2006 年一篇文章的内容，文章提出，学校能够有所作为这一观点本身才是问题的根源："过去 20 年流行的错误观点是，学校能做出任何必要的改变。学校的能效与提高运动是一种霸权主义，持续时间久到能够产生一系列长期影响。关注的焦点是教师与校内，特别是教室内的过程。如果我们只需让教师足够优秀，培养他们拥有充足的技巧胜任工作，那么更广泛的社会教育环境便被当作无用之物了。"

某些学者认为"敌人"是学校能够有所作为的观点，这难道不够难以置信吗？我警惕这样的观点，也警惕我校某些正在攻读伦敦国王学院教育管理学硕士的高层团队成员类似观点的文章。这让我意识到，这种学校无力对抗教育劣势的观点持续统治着教育机构，在 2007 年巴特勒和韦伯的研究中也反映出这种观点："这些发现意味着由于学生的中等教育普通证书成绩深受居住社区类型的影响，学校的排名只能作为学校管理和教学质量的间接指标。"当我们可能为一些成绩差距规律中的例外感到兴奋时，另一些学术研究将我们带回现实："教师与校长应当制止从媒体报道中英雄教师或校长在'困难户'学校赢得成功的故事中汲取灵感。自信检视就会发现现实并不像报道那样动人。"

安德鲁·阿多尼斯在其 2012 年的著作《教育，教育，教育》中生动描绘了这种失败主义思想。阿多尼斯描写了访问一所东北地区失败学校的经历，以及当他听到其中一位教师下面这句睿智之语时不可思议的感受："20年前，他说，'男孩毕业后沿路下山，左转就能在船厂找到一份工作，右转就能在矿场找到一份工作。现在所有这些工作都不见了。他们或许可以径直走进海里'。我不知道如何回应。"

就像酒鬼会否认自己的酒瘾一样，很难让否认改革必要的系统进行改革。所有的引文都建立在深深的失败主义基调上，教师与学者们投降了，认为贫困地区的学校必然不行，所以我们不该指望有任何不同，直到社会本身实现了改革。很讽刺，某些最为大胆的处理成绩差距的改革，如乔治·布什的"不让任何一个孩子掉队"政策。当然只靠学校是无法弥合成绩差距的，但过去 10 年种种学校成功当足以证明我们应该抛弃学校无法有所作为这种悲观论调。

我对此有亲身经历。2007 年，伯灵顿·丹麦学院 35% 的学生在中等教育普通证书考试中取得 5 门或 5 门以上 A+—C 的分数。2014 年，这个数字达到了 79%（46% 的学生拿到了英国文凭），确保了这批学生在牛津大学、布里斯通大学和伦敦政治经济学院这样的顶尖大学里占据一席之地。我们学生的种族与社会阶级构成几乎没有任何变化（66% 的学生有资格获取学生补助，八年级的社会贫困指数比十一年级的指数糟糕），我们没有依靠相对简单的职业资格提高我们的分数，证据就是我们的英国文凭通过率高于全国平均水平。很幸运学术界有人认识到了即使有社会差距，学校仍能发挥作用："我完全同意让全体儿童在社会更加平等的愿望。但那样紧迫的社会目标不该被当作学校无法拉近不同社会成分人群之间阅读水平差距的理由。"

保罗·塔夫在《儿童是如何成功的》一书中说，"无论是否来自贫困家庭，在学校表现良好的孩子都更可能在生活中获得成功"。这又让我想起了前文引述过的英国囚犯糟糕的读写水平数据。把全球化的力量也考虑进来，当低技术含量岗位流向发展中国家时，我们只剩下一批有害的因素，给那些两手空空离开学校的人带去暗淡的前景。当然我们必须质疑社会公正性，因为某些学校成功是常态而在另一些学校失败才是常态。6 年前，三分之二的学生离开伯灵顿·丹麦学院时没有一份体面的成绩单。而现在四分之三的学生带着体面的成绩毕业。6 年前毕业的学生能力更差或更不配获得扎实的教育简直是个笑话。我们竟容忍这样的失败，还允许那么多年轻人的前景依赖于当地学校的水平，简直太奇怪了。即使在美国，可能是全球最个人主义的国家，也对机会平等发出广泛承诺："自 1987 年，皮尤开始提这些问题时，每次调查中都有 87%—94% 的人同意'我们的社会应该尽可能确保人人都有平等的成功机会'。"我们不能什么事都做，但没有任何机构比国家教育系统更适合传递这种民主权利了。

于是，我们一方面必须承认贫困地区学校要取得成功必须面对巨大挑战，但若方法得当，这些挑战是可以克服的；另一方面想方设法解决给困难学校设置障碍的种种社会弊端。本书已论证学校即使在最为艰苦的社会环境下也可能取得成功，但我不否认要实现这样的结果需要付出巨大的努力。最近一次伯灵顿·丹麦学院员工咨询工作显示，教师每个工作日平均工作12 小时，周末至少工作一天准备下周工作。他们乐意为缺勤同事代课，让我们避免代课教师的弊端。我有幸拥有一支优秀的高层团队，他们每天午休时间只思考工作，或在周六早晨或周日晚上接听我拨打的电话。但我明白这种"急诊室"心理很难复制。我们必须认识到学校必须付出这么多，不是借口，而是面对现实。好学校无法解决所有的社会弊端，无法弥补许多孩子在家庭或群落中接触的挑战。家庭很重要，家长的态度很重要，社会对教育的尊重很重要。因此，在学校改革的基础之上，我们应该追求对社会各阶层之间的竞争做出结构性改变。

一个较好的出发点是拒绝承认私立学校所主张的慈善地位，这是过去独立学校确实服务有需要的人所留下的遗产，现在他们不过是巩固了少部分能够负担得起私立学校教育的人的特权。许多独立学校只是口头上履行慈善义务，例如为有天赋的穷孩子提供些许免费席位。另外，我很欢迎联合政府引入的学生补助，按接收免费学校午餐的学生人数向学校提供每人 900 英镑的辅助金。像我们这样三分之二学生有资格领取学生补助的学校，每年能获得成千上万英镑额外资金，可以用作干预项目和对学生进行特殊需求强化支持的经费。

2010 年美国一部关于城市教育的纪录片《等待超人》（*Waiting for Superman*）通过曝光失败的成本揭示了政府在后进学校投资的价值。平均每名囚犯（超过 200 万人）每年消耗纳税人 35 000 美元，还不及顶尖私立学校一年的学费。这是个简单的等式，但其背后的意义在于投资教育能够减少犯罪，减少未来生活中昂贵的补救措施支出，从而从长远来说节约资金。希望本书已经阐明贫困地区学校为改变年轻人的生活所付出的额外努力，为这些努力分配更多资金是绝对正确的。坦白说，我确信教育中产阶级学生的经费可以是教育来自贫困背景的学生的一半。

如何支配学生补助

课程与人员配备：

· 为七年级至十一年级所有科目额外准备教学人员，为所有年级组准备 7 个辅导小组，垫底班只有 15 名学生；

· 利用助教进行文化强化干预；

· SLT 领导的扫盲工作；SLT 领导的学生补助项目；扫盲工作人员职位；

· 协助考勤与福利工作的员工；

额外资源 / 课时：

• 支持学习的资源，包括硬件与软件 —— 如蓝思软件，扩展阅读器分级阅读书籍 / 人人成功软件；

• 通过彩色编组方式对关键阶段 4 进行干预：如复习与浸入式学习的资源直接与期末考试挂钩；

• 课程拓展（尖子生、天才生），例如直击大学活动、"辩论伙伴""第一次"活动、人生课堂；

• 补贴音乐巡游课 —— 每周超过 300 人；

• 中等教育普通证书提高班 / 周末学习班 / 假期学习班与相关材料；

• 请"温室"乒乓球教练辅导低成就学生与不自信学生 / 拳击教练 / 橄榄球教练 —— 所有通过小组或个人指导提高学生自尊心的活动。

引导与支持：

• 清晨与午休时间举行的针对性读写辅导与阅读伙伴活动 / 阅读提高；采购蓝思软件；

• 午休时间互相监督读写学习计划，同时提供免费午餐；

• 十一年级与十三年级的肯定式指导工作；

• 家庭作业俱乐部；

• 考试季提供免费健康早餐；

• 参观杰米农场；

• 与关键阶段 3 成绩不合格学生家长开家长会，用统一抽奖鼓励参与；

• 文化之都活动，参观伦敦的博物馆与美术馆。

资助与培训：

• 通过资助方式帮助 FSM 学生参加课外活动（如历史战场旅行、巴塞罗那、参观剧场）；

• 奖金与奖品 / 旅行成本。

除了资金，招生简章也是弥合成绩差距的有力工具。招生十分重要，因为它关乎同辈压力。我在前文提过，我们大多数人都跟随周围人的脚步前进（心理学家把这种被周围人吸引的倾向称为"磁力中心"），富裕学校里的同辈压力更有利于学习。到了考试季，学生便认识到利害攸关；于是他们转换轨道，开始学习。他们不需要强制周日学习班、一对一辅导或教师精心编写的复习笔记。他们理解努力与成绩之间的关系，他们有信心用自己的能力改变人生机遇。主动的、自力更生的学生达到一定的临界人数就能令整所学校斗志昂扬。想想去健身房独自锻炼和参加定期课程或请个人教练的区别吧。这就是好学校在低收入地区所做的工作；它们提供动机、条件和积极的同辈压力，吸引年轻人努力学习并迅速进步。

伯灵顿·丹麦学院主动学习的学生人数达不到临界人数，因此需要"重症监护"带来改变。奇怪的是，我们周围确实有不少中产阶级街区。卡梅伦一家在搬往唐宁街 10 号之前居住的地方离我们的校门比许多学生住的白城地产还要近。但相对富裕的人群都涌入了重点学校、郊区学校或独立学校，例如上拉脱维尔学校，它们繁茂的草坪紧邻我们位于伍德街的校园。

我希望学校的社会成分构成能够反映当地社区的构成（学校周边均为贫困地区时显然会表现出问题，再次显示出社会问题与城区教育之间的相互作用），但尽管我们学校取得了成功，我们仍然很难吸引本地社区相对富裕的人群。我在早些时候曾建议英国教育标准局考虑这方面数据，或许可以在学校人口构成明显高于当地社区时拒绝给予"优秀"评级。像学生补助这种为学校服务贫困学生提供额外资金支持的方式，会有助于将激励重点从目前的吸引本身底子优秀的学生上转移出去。英国社会流动与儿童贫困委员会 2014 年的一份研究显示，我们需要重新将努力集中到弱势儿童比例达到平均水平的学校。有证据显示这种儿童倾向于在弱势儿童占大多数，或占极少数的学校学得不错，而在拥有"中等比例"弱势儿童的学校却困难重重。

对招生程序采取独立监管也能避免学校投机取巧，招收更多"合意的"候选人。北卡罗来纳州一座小镇给出了一种激进地重组学校的方式。罗利镇的富裕郊区学校与贫困城区学校之间的差距过大，于是当地政府出手干预，将境内所有学校完全按社会成分构成安排生源。这样做是基于每所学校都要拥有一定临界数量的投入、主动、服从指挥的学生并从中获益的思想："学校有大量中产阶级家长是不会容忍不合格的教师，不会容忍坏掉的饮水机，也不会容忍洗手间里没有手纸。"结果十分惊人，尽管很难想象如此激烈的方式会得到多少公众支持，富人尤其不支持。

　　家长在确保学校社会构成方面也起到一定的作用，尽管按我本人的经验，家长会有巨大的动力采取对孩子最好的行动，我也不指望所有家长都按这种大大有利于将来的驱动力行事。相反，学校必须说服家长，学校与孩子有共同的高期望值，他们擅长帮助尖子生提高。我喜欢提醒满怀期待的家长我们的教师中有多少人来自牛津和剑桥，提醒他们我们和顶尖公司和大学的关系，提醒他们堪比大多数私立学校课外活动的丰富活动。任何一周，学生都能参加"第一次"活动，他们和知名作家一起撰写自己的书，接着活跃在方舟学校拼写大赛中，然后踏上西伦敦辩论俱乐部的舞台，在这里他们会面对圣保罗学校和上拉脱维尔学校的同龄人。今年，我们为各年级最聪明的学生举行了"剑桥牛津"面谈会，让他们有机会了解申请牛津大学或剑桥大学是可能遇到的问题。吸引有志家长的好处是，他们能提供额外的监督与支持。如果他们的儿女某一天没有家庭作业，或如果他们的作业连续几星期没有被批改，这些家长会向学校写邮件并和我谈话。我前面说过，我们的家长非常积极支持我们，但更多的是被动支持，而不是主动支持，也就意味着学校必须全力问责并监督作业与批改工作。

　　站在他们的角度，公立学校需要保证最好的那批学生得到提高。"尖子与天才"项目很好，但我们需要在每一堂课上挑战我们最优秀的学生（以及所有学生）。去年我担任了一项全国作文大赛的评委。看到公立学校学生的作文质量与来自独立学校的对手之间的差距，我深感痛心。这件事提醒了我，要让我们最好的学生接触自己学校之外的优秀学生，否则他们会认为在伯灵顿·丹麦学院保持头名便也能问鼎其他顶尖私立学校。针对尖子生的全国考试也许会让某些公立学校难堪，但至少能让来自公立学校的尖子生们了解与同龄独立学校学生竞争所需要达到的标准。

建立第六学级几年后，我们自豪地向牛津和剑桥输送了一批学生，参加入学面试。他们没能考上。我们发现我们的学生进不了牛津和剑桥是因为他们在面试中暴露出他们的文化与知识缺乏灵活性。我们的学生缺少对历史的认识、对文化的好奇心与对科技的参与意识。于是我们通过牛津剑桥项目，从七年级就开始培养学生的文化素养。项目分两个部分。首先邀请120名七年级至十年级学生参加"牛津剑桥面试"，考察他们对时事、陌生诗歌以及哲学困境的了解程度。邀请考试成功者参加每周由各学术领域专家带来的讨论与讲座，内容丰富多彩，包括如柏拉图哲学、海洋生物学、纳米科学、难民传统、英国能源危机、微流体学、涅阿斯纪和数字时代沟通知识等方面。牛津剑桥项目由英语教师娜塔莎·奥海尔博士领导。她在完成这项倡议后向我提交的报告中这样描写项目精神："这是一项无懈可击的精英项目，旨在协助我校前5%—10%的优秀学生某种程度上进入公平的竞争环境。他们是一群能力非常强的学生，而目前尚无力与来自富裕背景的同龄人竞争顶尖大学的位置，因为他们缺少那些学术上更加统一的学校的学生自然习得的知识分子的圆滑与分寸，错不在他们。这些素质无法速成，而要靠长年累月地积累。为进入顶尖大学做准备，不是准备英国大学及院校招生事务处（UCAS）的表格和参考材料，而是更知性、更严谨的思考方式，必须从七年级起连同整个就读于伯灵顿·丹麦学院期间一直培养着。我希望牛津剑桥项目开始履行这份职责，并将解放思想的大门作为项目自身的独立目标。"

最后这几页的焦点是学校学生构成的重要性：认识校内同辈压力的力量。我认为学习可以更多地利用这种同辈压力，促使它带来积极结果。简单的做法，如与其他学校打橄榄球比赛时，穿着学校代表色的服装，创建学社体制并在操场上升起6个学社的旗帜，分发印有校徽的瓶装水等都能建立归属感。学生与教师每天7小时聚在一处，于是有机会通过展示积极的视觉刺激和调整环境来影响精神。

在弥合成绩差距的建议中，我多次使用了"公平竞争环境"这个词，这个词或许会让来自弱势背景的学生产生正面歧视。我一直相信我们的任务是帮助来自低收入背景的学生掌握与富裕学生竞争的技能，而不是降低标准取悦他们。2013 年，第六学级毕业生中整整三分之一跻身罗素大学集团旗下大学。要知道，设立第六学级后第 4 年，我们有了第一名进入牛津或剑桥的学生，但我不责怪牛津和剑桥对所有学生保持高标准。虽然顶尖大学除了扩招计划之外从未通过其他方式优待后进学校的学生，但招收我们的学生实际对这些机构是有益的。

不同公共服务机构之间的紧密合作也对消除贫富学生之间的成绩差距有益。后进学校内，心理健康问题十分严重，且经常被忽略。我也担心刑事司法系统对青少年犯罪过于宽松，向少年犯发出的信息太弱。学生收容处最近正成为焦点评论话题。这些收容所为被学校开除的学生提供教育，但以我的经验来看，功能失调儿童大批聚集于此只会令他们加速背离主流社会。我几乎看不出此类收容所有任何恢复性潜能，也几乎不能指望这些收容所对学生提供任何教育。

呼吁行动

我要对那些考虑担任校长的人说，你可以当校长并且睡得踏实。有压力通常是因为无力感，而作为校长，你比任何人都有更多机会做出改变。是的，如今的学校是个压力重重的场所，但任何成功掌控自己的课堂，随后又成功掌控年级组或学科部门的人，也有能力把这些技能应用到领导学校上。我特别希望更多女性自愿加入这个岗位。或许我是个保守的人，但我真心认为男性与女性拥有不同的领导素质，学校系统将从更多女性领导者身上获益。男性似乎天生更有权威感，但我觉得女性更擅长认清复杂的形势，这在后进学校里是相当有用的特质。我主张扩大执行校长的工作范围，让其管辖多所学校，而每所学校指定一名副校长负责。这样做能让副校长在经验丰富的上级的保护之下尝试领导学校。人们担心出任校长，却很容易忘记，这份工作本身赋予他们大量权力：当你成为校长的时候，你就是教师们的领队！领导工作所需要的大多数不过是常识，我鼓励大家支持自己更进一步。在美好的日子里，我想不出比这更好的工作了。我喜欢人声鼎沸和学校生活的熟悉节拍，我也珍惜每天早上在员工活动室遇见的能量与才华。作为校长，你能感到自己对他人生活有着强大的影响力，我欢喜地抓住机会实施计划。

拥有胜利的心态是坚守型领导模式的核心。来到伯灵顿·丹麦学院的第一天，我就告诉员工我知道如何建立一所优秀的学校，如果他们信任我并做好自己的工作，我们就会变得优秀。我始终有竞争意识，方舟集团与全国排行榜的监督与问责促成了这一愿望的成功。我乐于担任组织的形象代言人，乐于促进大家团结。在沟通中，有时我会相当直截了当，但更多时候我的话充满赞美与积极，因为我希望向其他人传达我的决心。尽管近年来由于履行其他工作影响了我在伯灵顿·丹麦学院现身的频率，我的领导模式中，可见度始终很重要。我有意愿不断进步，方法是借鉴其他学校和专业人士的想法与做法。最近，一位杰出外科医生在对我们学生的演讲中强调，紧跟最新创新与理论在医学领域的重要性，这一观点似乎与教育不太相关，但其实并非如此。迪伦·威廉的观点很有趣，他认为同一所学校不同班级之间的差异大于不同学校之间的差异，有人根据他的观点提出，提高学校水平最好的方法不是关注学校领导力，而是关注教师和课堂教学活动。但这一论述并未承认校长招聘最棒的教师并为他们提供成功条件时所起到的作用。那么学校领导是艺术还是科学呢？全国学校领导力学院和其他学校领导力发展项目，例如未来领导者，似乎赞同领导素质是能够教导和习得的。但领导力既与个性有关，又与竞争意识有关，当你检视这些领导力项目的细节时会发现，它们在项目努力培养的众多能力中，承认的却是情商和个人素质的重要性。检测领导力的重要方法之一是观察领导者是否镇定自若。这份真诚与正直作不得假，这也是我对将其他领域领导者的观念用在学校领导力上的做法略微保持怀疑的原因。我赞成快速成长为校长，但作为校长，很重要的一点是要能够与努力掌控自己班级的教师、希望培养团队的学科部门领导、关心子女成绩的家长对话。我在处理这些情况时的自信源于我担任教师、学科部门领导和作为母亲时的经验。直到你写下时间表、帮助遇到困难的教师或开除一名学生，你才会完整地体会到在学校工作的紧张与压力。校长与课堂教学保持联系也很重要。当你离开教室，走上校长岗位时必然是不成熟的，但重要的是，你也曾经从新手教师成长起来，所以你理解一天执教 6 个课时的喜悦与压力，从而能够迅速判断课堂质量并向相关教师提供建议。

我鼓励全体员工保持清醒、有活力，并在工作之余做自己喜欢的事激发灵感，瑜伽、足球、旅行或读书都行。我认为我们这些在学校工作的人很有必要拥有可借鉴的个人经验，而且领导规律之一正是从其他领导者身上汲取想法和灵感。我曾从所有与我共事过的校长身上借鉴了不少东西。从圣心学校的科林·加维身上，我学到了团结、团队建设和领导者道德上保持正直的重要性。从迈克尔·威尔肖爵士身上，我注意到了领导者扎实的工作成绩带来的权威性。成功孵化出新的成功，为领导者提供大量筹码。就像坐拥100 万英镑的投资者与从零开始的投资者一样，一旦你已经赚到过钱，赚钱会变得更容易。对领导者来说，一旦他曾取得扎实的工作成绩，他的计划便更容易获得支持。伯灵顿·丹麦学院的校管会主席芬克勋爵十分愿意服务他人，为还在底层的人们放下电梯。我欣赏他的谦逊，欣赏他改善他人人生机遇的决心。借用斯坦利在一次颁奖晚会上说的话，我们都应当希望在我们经过时能有人说"世界因他而变得更美好"。英国政坛中也有一些有趣的领导模式。我欣赏布莱尔的信念和他对自己能力与判断百毒不侵的自信。自信会是一位善变的朋友，过分自信显然是危险的；传说罗马将军在胜利游行中会让一位奴隶跟在他们身后，低声耳语："记住你是凡人。"写下这段话时，玛格丽特·撒切尔刚刚逝世几周，这位领袖的个人主义从来是与我的个人观点冲突的，但我欣赏她的胆识与果断。我曾在 19 世纪 80 年代与矿工一起游行，偏爱在推动变革前首先吸引民心的领袖。

若不提我们家中的两位校长，这本关于校长领导力的书便不完整，我的丈夫瑟奇填补了我离开圣心学校后留下的位置。从瑟奇身上，我学到了正面处理行为问题的价值。如果与学生的关系足够安全，你可以直接诚恳地批评他们的行为。所以我对孩子们相当直接，更重要的是，我对他们的家长也很直接。他们知道我希望他们的孩子做到最好，我不会让不良行为影响他们的成绩，或整体的成绩。有些人回避将家庭与工作混在一起的想法，但对我来说这很自然；我猜想当我在圣心学校与瑟奇结婚后，我的手上便有了无形之力。任何情况下，我都认为乐意与家庭成员一同工作才使我显得更人性化。伯灵顿·丹麦学院有 4 对夫妻，代表我们的社群关系紧密。我们的孩子早已习惯家中有两名校长。我最小的孩子对我一直唠叨他对家庭作业感到厌烦，校长和他们自己的青春期孩子之间当然也会发生问题，这也提升了我对家长的同理心。家庭生活与学校生活最大的区别是，在学校，孩子不会跟我顶嘴。

　　家里人和我分享情绪的起落。我最宝贵的职业瞬间当数与学生和员工一同庆祝考试结果，铭记学生见到多年努力后取得成果时脸上洋溢的喜悦之情。我也绝不会忘记 2009 年伯灵顿·丹麦学院员工活动室里的那个场景，当时我向员工公布英国教育标准局在每一个项目上都把我们学校评为"良好"，2013 年检察员的评估结果是"优秀"。眼泪、拥抱和赞叹瞬间充满了员工活动室。那种感觉很难用文字描述，对那些多年来在学校辛勤工作，却被不达标的失败与缺乏方向伤害的教师来说，这样的确证带来了令人难以置信的轻松与自豪。只有当你经历过不合格学校的悲剧，才会真正体会到学校复兴那纯粹的美好。当然，一旦达到了卓越水平，你就会感到保持水准的压力，在我职业生涯中最糟糕的瞬间之一发生在 2012 年 8 月，中等教育普通证书分数线发生了变化，让我们获得含英语和数学在内 5 门科目 A+—C 的比例从 75% 跌到了 66%。坐在办公室时，我感到身体不适，一群同事正努力研究究竟发生了什么。这种意料之外的落差是今天校长经常遇到的危机，但和另一种职业危机相比却是微不足道的：学生或同事的死亡或严重疾病。这类事件会打击学校的心脏，而正是这样的时节，你会体会到学校社群的真正价值。

学校的未来

　　我们探讨校长的旅程始于切尔西地区的百货商场，当时我仓促递交申请表后，被邀请重振一所萎靡的学校。似乎有些奇怪，伯灵顿·丹麦学

院 —— 这个我从未工作甚至接触过的地方 —— 在接下去的 6 年饱尝汗水与血泪。我当时看出学校有能力转型，强大的领导力能改善学生的人生机遇。幸运的是，几所其他情况不好的学校也采取了我们的转型方法，我愿意相信，贫困城区学校注定不许这种失败主义思想再无容身之地。不止单独一所学校，学校网络与学校群的经验都显示确确实实会发生改变。就让我们从方舟集团说起。2012 年，所有集团学校含英语和数学的中等教育普通证书平均通过率为 56%。而 7 年前，这些学校尚未并入方舟集团时的数据仅为 19%。并非所有连锁学院都能享受这样的成功，就像克里斯托弗·库克在《金融时报》中指出的那样："总的来说，在所有多校连锁学院中，方舟是最棒的。你会看到有些连锁学院正困难重重。要搞清楚的是：这些连锁学院一开始兼并的大多是不合格学校。而有些连锁学院的确在扭转形式中遇到了巨大困难。"

部分连锁学院面临困境的情况代表了学校转变任务有多困难。毕竟这些连锁学院是为了重振学校而建立的。但我们仍不应把这项工作的"困难"错认为"不可能"。引人注目的是，整个伦敦曾成功转变了该地区年轻人的教育结果。1997 年，仅 16% 就读于伦敦公立学校的学生取得 5 门及 5 门以上优良中等教育普通证书考试分数。而今天这一数据超出了 60%。在规模像伦敦这样大的城市里，这样的进步绝不仅仅是靠几则孤立的成功案例或改变人口构成就能做到的。因此，当前存在的挑战是如何将这些改革推向全国，让例外变成常态。伦敦以外地区，人们的志向非常渺小。询问伦敦的孩子他们将来想做什么，他们会回答"医生""律师""商人"等。而在伦敦之外，你更容易听到"足球运动员""美容师""理发师"这样的答案。是时候将教师与校长组成的团队移植到城市以外的地区了。这些先锋教师，被高收入和转勤津贴吸引，缓解乡镇地区缺少能干且有抱负的教师，尤其是缺少数学、物理和语言等科目教师的情况。目前教育优先已有一群入职近 10 年的人可用，用不了多久他们中间就会有一些大使 —— 教育优先是这样称呼他们的 —— 即使没有准备好在绿意盎然的郊区学校开展工作，也已经准备好离开大城市了。若有一份计划能吸引这批教师、中高层领导前去林肯、赫尔、伊普斯维奇、斯温顿、米德尔斯堡、普雷斯顿和朴次茅斯,那将会产生巨大影响。

伦敦效应

学校能起到决定性作用,伦敦的经验便是最好的证明。贫困学生就读的最差的五分之一学校中,每百所中仅一所位于首都。委员会过去便已开始关注首都儿童教育成果上发生的巨变。2002 年,伦敦是全国表现最差的地区,而现在的表现已超出任何其他弱势儿童就学的地区,伦敦儿童取得含英语和数学的 5 门及 5 门以上 GCSE 优良分数的可能性比其他地区儿童高出 38%。在高分段优势更为明显,伦敦地区在中等教育普通证书考试中取得 8 门 A+—B 分数的弱势儿童是其他地区的 3 倍。可以认为,伦敦效应部分受益于人口结构的变化 —— 例如,少数族裔儿童聚居。然而,研究显示,这种原因对伦敦优势的影响仅为五分之一。

在本书开头,我引用了尼采的话:"大国的公共教育总是平庸无奇,同理,大厨房里端出的饭菜往往乏善可陈。"值得注意的是,公共教育受到称赞的国家往往是小国 —— 新加坡、芬兰 —— 或大国的州省,如安大略。这证明了环境的力量以及成功办学的模范的不可靠性。这就是我们需要鼓励更多伟大教师成为校长的原因,这样我们就能建立整整一代校长,他们明白要想在 21 世纪创建一所成功的城区学校,必须积极创造与外界相反的文化:充满爱、努力、坚忍和学问的教育文化。

这是属于公共教育的一个不可思议的瞬间,如何在最困苦的地区建立伟大的学校已成为全球性课题。最近,伯灵顿·丹麦学院接待了世界各地的教育家代表团,包括日本、中国、美国加利福尼亚州、挪威、丹麦、以色列、印度和巴西。没有一个人否认,任何教育系统的成功都离不开伟大的教师,而除此之外,大家对学校成功那难以捉摸的黄金准则所必需的详细成分却众说纷纭。伯灵顿·丹麦学院取得的成就有一部分要感谢严格的考试与数据的透明度，而在斯堪的纳维亚半岛，广为称颂的学校几乎不设考试，学生也几乎不清楚自己的成绩。当迈克尔·戈夫提出延长上学时间、缩短假期有可能提高英国学校的水平时，遭到反驳，"芬兰……在大部分教育排行榜上名列前茅，学生每天的上学时间比任何发展中国家学生都短。"（《亚洲教师称，复制他们的上学时长对英国并无帮助》，《每日电讯报》，2013 年 5 月 21 日）另一些人将希望寄托在科技上，但最近有证据显示，科技并非万灵药，只有结合整体学校改进方法时才能提高学校水平。最近秘鲁开展的"每名学生一台电脑"项目似乎证实了，要实现伟大的教育就永远不能将人的因素排除在外："若教师只是要求孩子打开计算机，复制黑板上所写的内容，那么我们不过是投资了一批昂贵的笔记本。"

诸如《东区教育》（*Educating the East End*）等观察型纪录片唤起了人们对城区教育挑战的意识，但现实却与影片不尽相同。我感到这些影片在寻找年轻人最坏的一面，把教师的作用贬低成社工和辅导员的作用。现实中，大多数英国学生并没有显著的情绪或行为困难。他们渴望成功，他们需要有才华的教师站在他们面前，带给他们最好的教育，向他们提出更高的要求。这些电视节目乐于表现教师苦苦挣扎着管理患有注意缺陷多动障碍（ADHD）的孩子，却不去表现那些发生在员工活动室里，确确实实改变年轻人未来的对话：两名科学教师努力设法在课堂上生动地讲授相对论，或数学教师为了确保课程为严格的新中等教育普通证书数学考试打下坚实基础而调整七年级课程。我曾为许多电影工作者打开伯灵顿·丹麦学院的大门，但我很高兴几年前拒绝了构思《教育白城》（*Educating White City*）的制作人。

我曾在前文引用过法国教育家丹尼尔·佩纳克的作品，关于教学他还曾说过这样一段话："教学不是一门军事艺术，而是交响乐艺术。优秀的教师就像优秀的指挥……他不会放任自己忽略第三小提琴。交响乐是由所有的乐器共同演奏的，其中一些乐器极其简单，但有了它们才构成了演奏的普遍复杂性。"正是这种"普遍复杂性"制止了我提出学校成功的傻瓜式蓝图。校长必须拥抱学校有机、精妙的天然特质，并调整方法以适应他们的资源与需求。永远不能忽略人的因素，自信、情绪、动力和希望等人的变量对学校至关重要。这也有助于说明教师为何对学校的成功如此基本。校长必须放下身段，吸引、珍惜、培养并留住伟大的教师。在贫困地区，我们迫切需求主动、以人为本的领导力，这些地区学校必须在低期望值和长期成就不足这种险恶的急流中逆流而上。

本书完成于 2013 年 5 月。下周是 2006 年 9 月入学学生在学校的最后一周了，就在那一年，伯灵顿·丹麦英格兰教会学校变成了伯灵顿·丹麦学院。学校的转变并非一蹴而就，因此学生们还记得身处问题学校的痛苦 —— 混乱的课堂带来的挫折感、无序的走廊上发生的冲突。不过这种记忆逐渐消退了。发生在伯灵顿·丹麦学院最令人高兴的事或许就是成功变成了常态，变成了意料之中的事。员工活动室里，近四分之三的教师并没有经历过伯灵顿·丹麦学院还是一所不合格学校的时期。因此，当第六学级学生下周毕业离开之时，便是失能学校的记忆随之而去之时。真是一段了不得的旅途。

结语: 学校，尤其是贫困地区学校，需要靠坚定的领导者去克服环境劣势。

结　语

　　我离开伯灵顿·丹麦学院时，含英语和数学在内 5 门科目 A+—C 的比例为 79%——这是连续第 3 年达到或超过 75% 了。但地处西伦敦 A 40 与沃姆伍德·斯克拉比斯监狱之间的这片土地仍有大量的成长空间。成功的学校必须不断提高标准。管理咨询业者称为 S 形曲线：成长和进步的趋势随着时间逐步放缓。解决方案是不断更新 —— 新鲜的驱动力与全新的焦点领域。因此，我在伯灵顿·丹麦学院的继任者应当关注 A+—B 分段，根据更高的分数要求采取跟踪和干预。我们还有许多工作要做，以确保学生为正逐步取代单元考和课堂作业的更长、更难的期终考试做好准备。这就要求关键阶段 3 课程培养并巩固好知识积累。对高年级学生，学校可以向学生提供课后复习场所，帮助他们准备更长的期终考试 —— 这对那些可能在家找不到安静学习空间的孩子来说更为重要。

　　离开伯灵顿·丹麦学院使我有机会反思我在那里最自豪的成果。我始终为上任后首个学期引入的排名制度感到骄傲。公示全体学生成绩排名颇具争议性，但排名带来的巨大变革让我们将注意力从纪律转移到了学习上。任何评价体制的关键挑战都在于如何建立学生与家长认可的基础上。经过十几年学校工作，我发现排名制度是最能满足该挑战的。家长或许意识不到八年级的 4 级评分意味着孩子成绩低于年级平均水平，但当他们发现自己的孩子的年级排名是 130 名时脑中便会迅速拉响警铃；同样，如果这名学生在接下来的几年里排名上升到 80 名，家长就会明白孩子确实取得了进步。所有家长，无论他们自身的教育背景或对英国教育体制的了解程度如何，都能看懂孩子和其他同学的差距。这种形式的成绩比介绍孩子从 4A 进步到 5C 直观得多。排名制度有一项隐蔽的好处，它能让同科目的教师团结协作，设计出严格的考试并按照健全的评分标准批改。教师这样做的原因是，考试结果将影响学生的排名，所以他们要确保分数的公正性。这是最纯粹的问责：教师在自己的课堂上努力帮助学生，因为他们知道学生在意自己的成绩；家长更是从排名制度中获得了力量，因为他们能理解排名。当前，国家为小学、十一年级至十八年级的 3 个关键阶段分别设计了不同的评价体系。学生、家长和教师要了解 4 个不同的体系，这也是我为排名制度的统一性、连贯性深感自豪的另一个理由。

当然，排名制度起到作用是有限的 —— 是它提供的后续工作和干预措施让它变得如此强大。看到七年级学生的家长发现自己孩子徘徊在最后几名时惊讶的样子，我也十分震惊。上完 7 年小学，他们对孩子在学习上的困难丝毫没有觉察。排名制度让家长有能力掀开孩子成绩的面纱，让家庭有机会做出应对。我乐于看到家长在家长会后，抱着一摞图书馆借来的书与学习指南走出学校。如果还有哪种评价体系能像排名制度一样强大，我十分乐意见识一下。

我也为被我称为"理智化"的关键阶段 3 课程感到骄傲。我一直相信，来自任何背景的学生都能在传统、学术化的学科中取得成功。我们都会希望自己的孩子在英语、数学、科学、语言和人文课上表现良好，所以强行把学生推向相对简单却无用的科目中是错误的。许多学校采取这条捷径，直到最近，学校排行榜仍未披露这种情形。学生在英语和数学中拿到 C，并通过一系列职业类科目，他们的学校看起来名列前茅。根据我们的数据，我很自豪2014 年我们有接近一半的学生取得了英国文凭（在 5 门传统科目中取得A+—C）—— 远超全国平均水平。在 2014 年 A 等级考试中，58% 取得 A2等级的分数为 A+—B。成功的基础便是我们在关键阶段 3 采取的严格教学，学生学习有挑战性的项目，培养他们的核心知识与技能并培养理性诚实的态度。简言之，学生在七年级历史课上学习的内容正是他们将在 6 年后的A2 历史课上学习的内容的缩减版。和当初关键阶段 3 历史课上搭建纸板城堡的日子相比，已经发生了天翻地覆的变化。

最重要的是，我为我们创造的社区感自豪，我们真正地在为当地社区服务。我们的特长科目是数学，尽管收到大量超额入学申请，我们并未设置任何选拔标准。学生的家到学校的距离以及是否有兄弟姐妹在本校就读是我们唯一的选拔标准。这种做法创造出一种丰富的社区感，我们 5 年中取得的优秀结果令我们能够理直气壮地说，我们为周边社区带来了积极影响，改善了成千上万名年轻人和他们家人的人生机遇。

除了考试结果，我也十分骄傲，这批年轻人会为他人拉门，在公共汽车上让座，并称呼比他们年长的人先生或女士。

后 记

笨拙的屈膝礼与一份"优秀"评价

　　我开始撰写本书后,被授予大英帝国爵级司令勋章。当我接受奖赏时,女王陛下这样说道:"你是成功改革学校的校长之一。"可我太紧张了,我的膝盖重重地磕在地上,几乎让我听不见她的声音。在我丈夫拍摄的视频中,我一边走近我们的国家元首,一边送上了一个笨拙的芭蕾舞风格的屈膝礼。同年晚些时候 —— 2013 年 —— 评审员终于打来电话(距离他们上一次来访已经相隔近 5 年了),伯灵顿·丹麦学院在全部项目中被评为优秀:

　　·在充满关怀、安全的环境下为每一名学生提供最好的教育,这一使命在这所表现优秀的学院成为现实;

　　·学生、员工和家长为学校感到自豪,对学校提出高度评价;

　　·校长用鼓舞人心的方式领导学校,在全体员工的全力支持下,不断追求卓越;

　　·学生在初始水平的基础上取得了高于平均水平的优秀成绩,特别是英语和数学;

　　·符合政府资助(学生补助)资格的学生在学术和关怀方面很好地获得了帮助;他们与其他学生之间的成绩差距显著缩小;

　　·学生纪律堪称榜样;他们彬彬有礼、尊重教师并互相尊重;学生享受在学院上学的时光,愉快并感到十分安全;

　　·整体教学质量优秀;

　　·教师的学科知识、备课、批改以及合理提问都相当优秀;

　　·细致的监测与干预体系确保所有学生达到他们的远大目标;然而在

极少数课堂上，可以对能力出众的学生提出更高的挑战；

· 学院在读写能力教学方面的资源出众；

· 促进学生精神、士气、社交与文化素养的工作出众，全面贯穿在所有活动中；

· 董事对学院工作进行有效监测与支持，合理利用学生补助帮助符合补助资格的学生；

· 第六学级表现优秀；在高效教学与采取高效学习项目的情况下，学生在第六学级取得的成绩相当优秀。

《泰晤士报》教育副刊（TES）2014 年度杰出学院提名

位于伦敦白城中心的"综合文法学校"伯灵顿·丹麦学院证明，伟大的学校不仅能取得出色的分数，还能塑造人生、丰富人生。这所学院刚刚获得了一项国家奖，因为它带给学生一个出众的人生起点。其惊人的成功是方舟学校集团与全校师生通力合作的结果。

每名学生都很重要，每堂课都很重要。学院正式、学术化且有礼貌；体育和创造性活动盛行且受到积极鼓励。

中等教育普通证书考试和普通教育高级程度证书考试分数的巨大提高巩固了学院的成功。数据问诊是一项主要优点；员工精确了解自己学生的成绩；学校的干预模式精确且彻底。

· 含英语和数学的 5 门分数 A+—C 2013 年：77%；

· AS 分数 A+—B 2013 年：47%；

· A2 分数 A+—B 2013 年：44%。

伯灵顿·丹麦学院第六学级申请罗素大学集团或 1994 年大学集团旗下大学的学生中，绝大多数被录取。第六学级课程多达 20 门，教育内容多元且具有拓展性，强调独立学习。作为学校社群的关键部分，它也保留了丰富生动的特色。

学院奉行"严格的爱"，每个个体都清楚成功的代价。这并不是唯结果论，培养个性也是学院成功的重要组成部分。两者当然要齐头并进。

2013 年 11 月，伯灵顿·丹麦学院在 4 个项目上被英国教育标准局评为"优秀"：

"……为每一名学生提供最好的教育，这一使命在这所表现优秀的学院成为现实。"

学院并不满足于现有的成功，正致力于取得"教学学校"资格，学院已成为"领先学校"并将在 2015 年开设小学部。

学院和英国教育标准局报告都认为这所 2006 年被要求采取"整改措施"的学校之重获新生，应当感谢强大的集体意志。了不起的员工团队不断提高挑战标准，创造顶尖的课程："学院全体员工投身于持续改进教与学的工作，成果卓越并能相互学习。"

董事积极协助学生学习，学生对学校抱有强烈自豪感。英国教育标准局提到"极其积极"的学生反馈：

•"在这所学校学习很精彩"（八年级）；

•"教师相当支持我们实现自己的远大目标"（十一年级）；

•"我们拥有那么多机会，为进入最好的大学做准备"（十三年级）。

战略领导小组提供动力、焦点和方向，帮助员工和学生成功。我们对不及格不提任何借口。我们的目标是让伯灵顿·丹麦学院不仅优秀，而且格外优秀。

参考文献

Adonis, A. (2012) *Education Education Education.* London: Biteback.

Bambrick-Santoyo, P. and Peiser, B. (2012) *Leverage leadership.* San Francisco: Jossey-Bass.

Belbin, R. (1996) *Management teams.* Oxford: Butterworth-Heinemann.

Blair, T. (2008) *A Journey.* London: Arrow.

Butler, T. and Webber, R. (2007)"Classifying Pupils by Where They Live: How Well Does This Predict Variations in Their GCSE Results?"*Urban Studies,* 44 (7)pp.1229—1253.

Coleman, J. (1966) Equality of educational opportunity [summary report].

[Washington]: U.S. Dept. of Health, Education, and Welfare, Office of Education.

Collins, J. (2001) *Good to great.* New York, NY: HarperBusiness.

Csikszentmihalyi, M. (1990) Flow. New York: Harper & Row.

Dweck, C. (2006) *Mindset.* New York: Random House.

Gladwell, M. (2000) *The Tipping Point.* Boston: Little, Brown.

Gladwell, M. (2009) *Outliers: The Story of Success.* London: Penguin.

Gawande, A. (2010) *The Checklist Manifesto.* New York: Metropolitan Books.

Goldstein, R., Cialdini, R. and Griskevicius, V. (2008) "A Room with a Viewpoint:Using Social Norms to Motivate Environment Conservation in Hotels"*Journal of Consumer Research,* 35 (3), pp.472—482.

Goleman, D. (1995) *Emotional intelligence.* New York: Bantam Books.

Grant, G. (2009) *Hope and despair in the American city.* Cambridge, Mass.: Harvard University Press.

Hargreaves, A. and Fullan, M. (2012) *Professional capital.* New York: Teachers College Press.

Hirsch, E. D (2006) *The knowledge deficit.* Boston: Houghton, Mifflin, Harcourt.

Hyman, P. (2005) *1 out of 10.* London: Vintage.

Kelling, G. L. and Wilson, J. Q. (1982). Broken windows: the police and neighborhood safety. *Atlantic Monthly* 249(3) pp.29—38.

Kennedy, A. W. and Kennedy, E. (2013). *The Alpha Strategies.* Indiana: Xlibris.

Kirkup, C. (2005) Schools' use of data in teaching and learning. Annesley: DfES Publications.

Lareau, A. (2003) *Unequal Childhoods.* Berkeley: University of California Press.

Marlowe, B. and Page, M. (1999) "Making the Most of Classroom Mosaic: A Constructivist Perspective"*Multicultural Education,* 6 (4)pp.19—21.

McKeown, M. (2012) *The strategy book.* Harlow, England: Pearson.

Muller-Hill, B. (1994)"The Idea of The Final Solution And The Role Of Experts,"in Cesarani, D. (ed) (1994) *The Final Solution Origins and Implementation.*

Routledge: London. pp. 62—70.

Pennac, D. (2010) *School Blues.* London: MacLehose Press.

Pink, D. (2009) *Drive.* New York, NY: Riverhead Books.

Pirsig, R. (1974) *Zen and the Art of Motorcycle Maintenance.* New York: Morrow.

Putnam, R. (2000) *Bowling alone.* New York: Simon & Schuster.

Rogers, B (2011) *Classroom behaviour.* Third Edition. Sage: London.

Reay, D. (2006) "The Zombie stalking English Schools: Social Class and Educational Inequality"*British Journal of Educational Studies,* 54, (3). pp. 288—307

Reynolds, D. and Teddlie, C. (2001) "Reflections on the critics, and beyond them".

School Effectiveness and School Improvement 12 (1), pp. 99—113.

Rosenthal, R. and Jacobson, L. (1968) *Pygmalion in the Classroom.* New York: Holt, Rinehart and Winston.

Sahlberg, P. and Hargreaves, A. (2011) *Finnish lessons.* New York: Teachers College Press.

Seligman, M. (1991). *Learned optimism.* New York: A.A. Knopf.

Smith. J. (2012) *The Learning Game.* London: Abacus.

Smith, M. (2002) "The School Leadership Initiative: An Ethically Flawed Project?"

Journal of Philosophy of Education, 36 (1), pp. 21—40.

Syed, M. (2010) *Bounce.* London: Fourth Estate.

Thaler, R. and Sunstein, C. (2008) *Nudge.* New Haven, Conn.: Yale University Press.

Tobin, K. Roth, W, and Zimmerman, A. (2001). "Learning to Teach Science in Urban Schools"*Journal of Research in Science Teaching* 38 (8), pp. 941—964.

Tough, P. (2012) *How children succeed.* London: Arrow.

Wilkinson, R. and Pickett, K. (2010) *The Spirit Level.* New York: Bloomsbury Press.

Wooden, J. and Tobin, J. (1972) *They Call Me Coach.* Waco, Tex.: Word.